LOUANGE

« Une fois de plus, Chris Widener nous offre un récit absolument fascinant. Le lecteur sera à même de savourer les principes éprouvés de *leadership* mis en relief à l'aide d'exemples. Cet ouvrage est un outil indispensable dans l'arsenal de tout aspirant *leader* ! »

David Humphrey, président d'ILD Global

« J'adore les livres qui nous présentent une histoire, touchant le milieu des affaires, de laquelle nous pouvons tirer de précieuses leçons. Ils sont amusants à lire et nous proposent en plus des actions pour notre développement personnel et celui de notre entreprise. *Les règles du* leadership, de Chris Widener, est un livre très facile à lire. Il fournit des principes simples et pratiques qui vous aideront à devenir un meilleur *leader*. »

Tony Alessandra, auteur de *New Art of Managing People* et de *Platinum Rule*

« Voici des principes fondamentaux enchâssés dans un récit qui réchauffe le cœur. Rapides à digérer. Exigeants en ce qui concerne l'application personnelle. Recommandés à ceux qui désirent créer un environnement qui met l'accent sur la responsabilité personnelle et qui favorise la réussite en affaires et dans la vie. »

Dianna Booher, auteur de *Voices of Authority* et de *Booher's Rules of Business grammar*

LES RÈGLES DU *LEADERSHIP*

Catalogage avant publication de Bibliothèque et Archives nationales du Québec et Bibliothèque et Archives Canada

Widener, Chris
Les règles du leadership : devenir le leader que vous souhaitez être
Traduction de: Leadership rules.
ISBN 978-2-89436-332-4
1. Leadership. I. Titre.
BF637.L4W5214 2012 158'.4 C2011-942527-0

Nous reconnaissons l'aide financière du gouvernement du Canada par l'entremise du Fonds du livre du Canada (FLC) pour nos activités d'édition.

Nous remercions la Société de développement des entreprises culturelles du Québec (SODEC) pour son appui à notre programme de publication.

Traduction : Richard Ouellette
Infographie de la couverture : Marjorie Patry
Mise en pages : Roseau Infographie inc.
Révision linguistique : Amélie Lapierre
Correction d'épreuves : Michèle Blais

Éditeur : Les Éditions Le Dauphin Blanc inc.
Complexe Lebourgneuf, bureau 125
825, boulevard Lebourgneuf
Québec (Québec) G2J 0B9 CANADA
Tél. : (418) 845-4045 Téléc. : (418) 845-1933
Courriel : info@dauphinblanc.com
Site Web : www.dauphinblanc.com

ISBN : 978-2-89436-332-4

Dépôt légal : 1er trimestre 2012
Bibliothèque nationale du Québec
Bibliothèque nationale du Canada

Imprimé au Canada

Limites de responsabilité

L'auteur et l'éditeur ne revendiquent ni ne garantissent l'exactitude, le caractère applicable et approprié ou l'exhaustivité du contenu de ce programme. Ils déclinent toute responsabilité, expresse ou implicite, quelle qu'elle soit.

Chris Widener

LES RÈGLES DU *LEADERSHIP*

Devenir le *leader* que vous souhaitez être

Traduit de l'anglais
par Richard Ouellette

Le Dauphin Blanc

À Lisa, Christopher, Hannah, Rebekah et Sarah.
Merci pour la patience dont vous faites preuve
en me laissant développer et peaufiner
mes habiletés de leadership
en tant que dirigeant de notre famille.
Je vous aime tous énormément.

Table des matières

Introduction

Chaque fois que j'entreprends la rédaction d'un livre, les paroles suivantes du roi Salomon me reviennent à l'esprit : *Il n'y a pas de limite aux livres que l'on pourrait écrire.* Je me demande alors si le livre que je m'apprête à écrire a un sens, s'il en vaut réellement la peine. Si ce n'est pas le cas, je m'arrête.

La raison qui me pousse à écrire est le besoin d'aider les gens à développer leurs connaissances et le désir de leur rappeler certains concepts fondamentaux. J'adore le point de vue de G. K. Chesterton selon lequel les gens ont besoin qu'on leur rappelle certaines choses capitales plutôt qu'on leur en enseigne des nouvelles. D'ailleurs, c'est ce à quoi je consacre le plus clair de mon temps et de mes efforts, soit rappeler aux gens certains principes essentiels afin de favoriser leur réussite. La plupart du temps, et j'en suis conscient, je ne transmets pas des idées innovatrices. Je reformule plutôt à mes lecteurs des éléments qu'ils ont probablement déjà entendus ou lus. Je le « rappelle », mon objectif est de répéter aux gens, souvent d'une manière nouvelle et au moyen d'une histoire unique, les grandes vérités qui assurent la réussite dans la vie.

La simplicité constitue la véritable clé du succès, et pour atteindre la réussite, nul besoin d'une chirurgie du cerveau. Tandis que je rédige le présent ouvrage sur le *leadership*, je suis plus que jamais convaincu qu'être un *leader* est difficile, mais simple. Vous comprendrez bientôt le paradoxe.

Le présent livre traite justement de la simplicité du *leadership*. Si vous aspirez à diriger les gens, à les influencer et à les mobiliser pour arriver à un objectif commun, qu'il s'agisse de votre famille, d'une entreprise ou d'une équipe de football, le *leadership* reposera sur quelques *règles* fondamentales. Je précise que j'ai choisi le mot *règles* pour une raison très précise. Il est humain d'opter pour la solution facile, la balle d'argent[1]. Les gens ne veulent donc pas d'une règle, ils exigent plutôt une loi. Le problème, c'est qu'en ce qui concerne le comportement humain, duquel dépend toute notion de *leadership*, il n'y a pas une seule manière de faire ou une loi universelle dirigeant la conduite des êtres humains. Ni moi ni personne n'est en mesure de certifier à quiconque que s'il fait ceci ou cela, ceci ou cela fonctionnera à tous coups. Les choses ne fonctionnement tout simplement pas ainsi. Le comportement humain est un phénomène extrêmement complexe.

C'est justement là où se trouve le paradoxe : le comportement humain est complexe, mais simple. Si vous devez diriger un groupe de mille personnes, vous serez aux prises avec des dizaines de milliers de variables qui influencent leur vie, qui les façonnent et qui orientent la manière dont elles réagiront à votre *leadership*. Il vous est absolument impossible de résoudre parfaitement ce problème de complexité tandis que vous cherchez à les diriger. Cependant, la bonne nouvelle est qu'il existe des règles simples à suivre qui vous permettront de répondre aux besoins de la majorité des personnes, et ce, la plupart du temps.

Au cours des pages qui suivront, je souhaite donc vous rappeler certaines des vérités toutes simples qui vous permettront de travailler à long terme avec les gens afin de devenir un *leader* digne de ce nom. Ces principes ne vous assureront pas chaque fois la réussite : certaines personnes connaîtront l'échec, et même celles qui sont le plus près de vous risquent de vous décevoir à l'occasion. Cela dit, si vous mettez en œuvre ces règles du *leadership*, vous deviendrez un meilleur *leader*. Vous aurez davantage d'influence dans la vie de plus de gens. Cela risque de vous mener, vous et eux, beaucoup plus loin sur la voie qui conduit à la réussite.

PREMIÈRE PARTIE

L'HISTOIRE

Chapitre un

C'est un son si unique que celui du gravier sous les pneus. C'est le son que Mike Keller a entendu et il ne l'appréciait pas vraiment.

Ça n'aurait pas été grave s'il ne s'était pas agi de l'allée menant à *sa* maison. Sa toute nouvelle allée. L'allée vers la maison dans laquelle il aurait souhaité ne pas avoir à emménager. Il était né et avait grandi à Chicago et il n'avait absolument aucune envie de vivre au Texas – mais il était pourtant là, tout nouveau résident d'East Creek, au Texas, à environ une heure de Dallas. Pour lui, cela aurait tout aussi bien pu être à une heure de nulle part.

Que fais-je ici dans ce trou perdu ? se dit Mike. Il roulait alors le long de la courte allée longeant une maison de trois chambres de style californien. Il l'avait louée sans même l'avoir vue. La seule chose qu'il aimait vraiment au sujet de cette maison : elle était très peu chère et représentait une véritable économie par rapport au prix des maisons de Chicago.

Dès que la voiture fut immobilisée, Mike et Billy, son fils de seize ans, firent une inspection rapide des lieux. La peinture était écaillée sur les murs et l'un des moustiquaires d'une fenêtre était en train de tomber. À l'avant de la maison, la porte moustiquaire, ballottée par le vent, s'ouvrait et se fermait continuellement. Il n'y avait plus le moindre brin d'herbe dans la cour avant. *C'est le Texas au mois d'août*, se dit Mike. Puis, il s'adressa à son fils :

« Eh bien, Billy, nous voilà rendus !

– Ouais. Nous voilà rendus. »

Le sentiment de résignation de Billy était évident. Le garçon n'avait pas été très heureux, évidemment, de devoir laisser ses copains d'école derrière lui, mais il s'était montré quand même bon joueur en maintenant sa décision de vivre avec son père lorsque ses parents s'étaient séparés. Mike et Billy avaient vécu des moments plutôt difficiles au cours de la dernière année, en fait, depuis que Kristy, la femme de Mike, lui avait annoncé qu'elle voulait se séparer.

Peut-être que la distance nous fera tous du bien, pensa Mike. Kristy et lui avaient bien essayé de se réconcilier, mais ils semblaient ne pas parler la même langue. Pour couronner le tout, les choses ne fonctionnaient pas bien pour Mike au boulot, à la Markston Machine Corporation (MMC), une importante entreprise de fabrication, entre autres, de pièces d'équipement. Son stress était tel que n'importe quel changement lui paraissait une amélioration de la situation. Mike ouvrit la portière de la voiture et sortit. C'était comme s'il se tenait debout dans un four. « Laissons les choses dans l'auto, Billy, et allons d'abord jeter un coup d'œil à l'intérieur de la maison. » Les déménageurs étaient attendus le lendemain, mais Mike et son fils avaient apporté un tas de « trucs » pour rendre l'endroit habitable. « D'accord », répondit Billy.

Ils arpentèrent rapidement le trottoir fissuré jusqu'à la maison. Mike introduisit la clé dans la serrure et ouvrit la porte. « Notre nouveau domaine ! » dit-il.

L'intérieur sentait le renfermé. La chaleur y était intense. Il y avait des toiles d'araignées dans les coins. Mike et Billy mirent en marche le climatiseur installé à une fenêtre, mais il fonctionnait mal et produisait deux fois plus de bruit que d'air frais : « Je vais ouvrir quelques fenêtres, dit Billy. Il fait encore plus chaud ici qu'à l'extérieur.

– Bonne idée. » *Il me faudra acheter un climatiseur*, pensa Mike. *Ou trois.*

Ils se tenaient tous les deux là, au milieu du salon vide, suant à grosses gouttes. « Je sais que cette situation n'est pas facile, dit Mike en tirant Billy vers lui pour le serrer dans ses bras, mais nous allons nous en sortir. Tu verras. Tout arrive pour une raison dans la vie. Il nous faut simplement découvrir quelle est la leçon à apprendre ici.

– Je sais.

– Une de mes vieilles maximes préférées dit que lorsque l'étudiant est prêt, le professeur fait son entrée. Montrons-nous donc ouverts à ce qui nous attend comme apprentissage ici.

– De quoi s'agit-il, à ton avis, papa ?

– Je n'en ai pas la moindre idée, mon garçon, crois-moi. » Mike se sentait plus perdu que jamais dans sa vie. Il se demandait comment faire pour sauver son mariage, pour remonter la pente sur le plan professionnel, pour devenir ce qu'il avait toujours souhaité être.

Il y avait maintenant un mois que Tom Markston, le PDG de troisième génération de MMC, avait demandé à Mike de venir à son bureau. Ce dernier ne se souvenait pas bien de l'échange qui avait eu lieu. Cependant, il avait rapidement compris que les choses n'allaient pas et il n'avait retenu que quelques bribes du message : « Ici, les choses ne fonctionnent pas pour toi. Nous te croyions mieux préparé. La voie rapide vers le *leadership* ne t'est pas accessible à Chicago. Nous croyons que tu as besoin de réapprendre certaines choses. Tu as donc été réaffecté à notre usine d'East Creek, au Texas. »

Peu de temps après ce discours, Mike et Billy s'étaient retrouvés au Texas. Mike avait été rétrogradé et envoyé à l'usine d'East Creek. Cette dernière appartenait à l'entreprise depuis quarante ans et servait à fabriquer des pièces d'équipement distribuées à travers le pays. Bien que petite, elle faisait partie intégrante de la mission de la MMC, mais Mike avait compris que le mandat d'en prendre la direction n'en était pas moins un déclassement.

L'usine comptait environ mille deux cents employés, ce qui faisait d'elle un contributeur important d'une ville de quinze mille habitants. Lorsqu'il était l'un des vice-présidents, à Chicago, Mike avait plus de quatre mille personnes sous ses ordres. Tom Markston lui avait mentionné que la direction estimait qu'il avait besoin de faire des progrès en tant que *leader*, c'est pourquoi elle avait choisi de l'envoyer à East Creek pour qu'il puisse y développer ses habiletés auprès de mille deux cents personnes qui allaient désormais l'appeler « patron ».

Mike croyait que suivre une formation en *leadership* à Wharton, ou quelque part ailleurs, suffirait. Tom, lui, considérait que Mike avait plutôt besoin d'un contexte qui allait lui permettre d'apprendre sur le tas. Au dire de Tom, la direction de la MMC lui avait confié certaines responsabilités trop rapidement. Ce dont Mike avait besoin maintenant était de faire marche arrière avant de pouvoir aller de l'avant à nouveau.

Voilà comment lui et Billy s'étaient retrouvés en train de « frire », à East Creek, au Texas, cet été-là.

Chapitre deux

Après avoir vidé la voiture des trucs qu'ils avaient emportés, Mike et Billy sont sortis pour avaler une pizza dans un restaurant climatisé. Ils rentrèrent ensuite à la maison pour y passer leur première nuit sur le plancher du salon. Comme ils ne pouvaient pas regarder la télé, ils ont discuté durant un moment. Ils finirent par s'endormir. Leur grande aventure était sur le point de commencer.

Le jour suivant, ils avaient plusieurs tâches à accomplir avant l'arrivée des déménageurs. La plus pressante était d'inscrire Billy à l'équipe de football locale. Il pratiquait ce sport depuis qu'il avait huit ans et se tirait bien d'affaire sur le terrain. Il n'avait pas les aptitudes pour jouer dans une équipe collégiale de première division, mais son père et lui estimaient qu'il pouvait faire partie d'une équipe collégiale de moindre importance. Il en avait le gabarit. Il pesait 81 kg et mesurait 1,80 m. Ce n'était pas suffisant pour écraser l'adversaire, mais il n'allait pas se faire tasser non plus. Le déménagement avait été si précipité que ni Billy ni son père n'avaient eu le temps de s'enquérir du programme de football offert à East Creek. Ils avaient simplement tenu pour acquis qu'il devait bien y en avoir un. Mike n'avait jamais mis les pieds dans cette ville auparavant. Il n'avait jamais même vu le Texas, sauf lors d'un transit à l'aéroport DFW de Dallas. C'est pourquoi ils se rendirent tout simplement au lycée d'East Creek et se présentèrent au bureau de l'école pour s'inscrire. Après avoir rempli les formulaires habituels, Billy demanda s'il y avait une équipe de football et s'il pouvait en faire partie. « L'entraînement commence la semaine prochaine, lui répondit la secrétaire. Je vous suggère d'aller parler à l'entraîneur Logan. Vous le trouverez à son bureau, au gymnase. »

Mike et Billy se dirigèrent vers le gymnase et frappèrent à une porte où il était simplement écrit *Entraîneur :*

« C'est ouvert, dit une voix à l'intérieur.

– Êtes-vous l'entraîneur de l'équipe de football ? demanda Mike.

– C'est bien moi. » L'homme se leva derrière son bureau et fit un pas dans leur direction. Il était plutôt costaud. Mike estima qu'il devait mesurer 1,90 m ou un peu plus. Tendant la main à Mike, il se présenta : « *Coach* Logan. Brock Logan. » Ils se serrèrent la main puis l'entraîneur se tourna vers Billy pour lui serrer aussi la pince. Tandis qu'ils s'exécutaient, le citadin élitiste en Mike réagit si rapidement qu'il était heureux de ne pas avoir exprimé sa pensée tout haut. *Bon sang, « Brock Logan ». Nous sommes vraiment au Texas. Pas de doute ! Je me demande si ce type vient au boulot à dos de cheval...*

Le *coach* regarda Billy de haut en bas : « Il me semble que tu pourrais nous aider à la défense faible.

– Vous savez, j'étais secondeur à Chicago.

– On n'est pas à Chicago, ici, Billy. Mon secondeur de ligne mesure 1,86 m et pèse 93 kg. L'année dernière, il a été la recrue de l'État. Comment t'en tires-tu avec le *punt* ?

– Le *punt* ?

– Ouais, le botté de dégagement. Le *punt*, quoi. Nous sommes plutôt faibles de ce côté cette saison. »

Mike se joignit à la conversation: «Billy n'est pas un botteur. Depuis qu'il a commencé à jouer, il y a quelques années, il a toujours été secondeur. À la vérité, il est prêt à jouer à n'importe quelle position pourvu qu'il puisse enfiler les épaulettes. En fait, tout ce qu'il désire est de jouer un peu au football.»

Le *coach* afficha un sourire plutôt crispé sur son visage: «Il n'y a personne ici qui joue un peu au football, mon cher monsieur. Quand êtes-vous déménagé dans le coin?

– Hier. Nous venons d'arriver.

– L'un ou l'autre de vous deux a-t-il pris le temps de se renseigner sur le programme offert ici?

– Malheureusement, non, car ma mutation s'est faite dans un très court laps de temps et les choses se sont passées si rapidement que…

– Où travaillez-vous, Mike?

– À la MMC. Je suis le nouveau directeur de l'usine. Mille deux cents personnes y travaillent.

– Je sais. On m'a dit que le vieux Jones avait pris sa retraite. Cependant, je ne savais pas que l'entreprise ferait venir un petit gars de la ville pour donner à l'endroit un traitement de beauté. Vous devez être bon.

– J'aime le croire. Après tout, cette usine est bien la chose la plus importante de cette ville.»

Le *coach* se mit à rigoler: «Mike, je crois que vous faites erreur sur ce point. MMC n'est que la *deuxième* chose la plus importante en ville.»

Mike réfléchit un moment. Il savait bien que MMC constituait le principal employeur d'East Creek. *D'accord, je vais mordre à l'hameçon.* «Alors, quelle est la chose la plus importante en ville, selon vous?

– Je ne ferai pas le boulot à votre place, Mike. Pour le découvrir, il vous faudra interroger les gens du coin. » Le *coach* tendit un crayon et une feuille à Billy. « Note ton adresse ici, Billy. Tu recevras les documents officiels à remplir concernant le programme par la poste. Assure-toi d'être prêt lundi matin.

– À quelle heure ?

– Tu trouveras l'information dans les documents officiels. Je peux te dire par ailleurs que ce sera probablement beaucoup plus tôt que ce que tu as vécu jusqu'ici. » Il retourna derrière son bureau. « J'ai été ravi de faire votre connaissance, les gars. Je te revois lundi, Billy. Viens avec une attitude de gagnant.

– Ce que vous voulez dire est "viens pour jouer", n'est-ce pas ? demanda Billy.

– Non. Nous ne nous contentons pas de jouer. Nous gagnons. Viens avec une attitude de gagnant. » Après avoir dit cela, le *coach* remit ses lunettes de lecture, ramassa un document quelconque et se mit à lire. Mike et Billy tournèrent les talons et sortirent du bureau.

Tandis qu'ils se dirigeaient vers la voiture, Mike dit : « Plutôt de la vieille école comme bonhomme. Je suis persuadé que nous finirons par nous habituer à ses manières, malgré tout. Tu t'en tireras très bien. Tu verras.

– Ouais. Il m'a paru un peu raide sur les bords.

– Il doit jouer le rôle du gars intransigeant. C'est un cowboy. Rappelons-nous que nous sommes au Texas, le Texas rural, en plus. »

Ils entrèrent dans la voiture. Billy poursuivit : « Je me demande ce qu'il voulait insinuer en soulignant que ton usine n'est que la deuxième chose la plus importante en ville. Je croyais avoir entendu de ta part que MMC était le plus gros employeur d'East Creek ?

– Je n'en sais rien, fiston. Je me renseignerai. Peut-être que cet endroit a la meilleure tarte aux cerises du monde entier au restaurant du coin, ou quelque chose du genre.

– Cela me semble une possibilité des plus intéressantes.

– D'accord avec toi. Serais-tu partant pour que nous passions à l'usine sur le chemin du retour ? Je dois vérifier quelques trucs. Il reste au moins une heure avant que les déménageurs se pointent à la maison, et j'en ai pour quelques minutes à peine. »

Chapitre trois

Mike et Billy se rendirent donc au bureau de Tyler Garrett, le directeur adjoint de la MMC. Mike commença : « Heureux de vous voir, Tyler. Alors, vous continuez à faire rouler la boîte ?

– C'est bien cela, patron. Content que vous ayez pu arriver à East Creek en un seul morceau. Comment trouvez-vous le climat ?

– Bon sang, il fait chaud ! Et nous n'avons pas encore de climatiseur à la maison. Il y a bien une boîte accrochée à la fenêtre, mais ce vieux machin ne fait aucune différence au bout du compte. » Mike se tourna vers Billy : « Tyler, j'aimerais vous présenter mon fils, Billy. Il a seize ans et il sera en première année au collège. » Ils se serrèrent la main. Tyler poursuivit : « Heureux de faire ta connaissance, Billy. Tu ressembles beaucoup à ton vieux.

– Merci, j'imagine que oui, dit Billy.

– Tu t'en tireras très bien si tu me ressembles », dit Mike. Ce dernier se tourna de nouveau vers Tyler : « Je commencerai la semaine prochaine. Nous devons nous installer avant. Nous sommes passés par le lycée ce matin pour y inscrire Billy.

– Ah bon ! Comment les choses se sont-elles passées ? demanda Tyler.

– Assez bien. Il a reçu la liste de ses cours et il a fait la connaissance de l'entraîneur de football. Quel drôle de phénomène ce bonhomme !

– Que voulez-vous dire au juste ?

– Oh ! tout simplement qu'il nous a paru un peu raide et plutôt fier de ses exploits...

– Selon moi, c'est une bonne description du *coach* Logan.

– Toutefois, il a dit quelque chose que je n'arrivais pas bien à comprendre. Il a mentionné que MMC constituait la deuxième chose la plus importante en ville. Cette entreprise n'est-elle pas le principal employeur de la région ?

– Oui, elle l'est, confirma Tyler. Mille deux cent soixante et une personnes sur la liste de paie la semaine dernière.

– Que voulait-il dire alors par le fait que MMC est la deuxième chose la plus importante ? Je ne pige pas.

– Il ne vous l'a pas dit ?

– Non. Il a répondu qu'il n'allait pas faire mon boulot à ma place, ou quelque chose du genre. Avez-vous une idée de ce dont il parlait ?

– Assurément. Tout le monde est au courant ici, à l'exception de vous, à l'évidence. Cela dit, je suis persuadé qu'il ne vous faudra pas plus qu'une journée ou deux pour découvrir de quoi il s'agit.

– Pour l'amour du ciel, pourquoi tout ce mystère ? Dites-moi ce qui constitue vraiment la chose la plus importante d'East Creek !

– Pas question. Je trouve trop amusant de voir à quel point tout cela vous agace, mais je veux bien vous donner un indice.

– Bon, d'accord.

– Par quelle porte vous êtes-vous rendus à l'édifice où se trouvait le *coach* ?

– La porte qui mène au vestiaire, dit Billy.

– Cela explique tout. La prochaine fois que vous irez là-bas, empruntez plutôt la porte du foyer principal. Tout deviendra plus clair.

– Comment ? Qu'y a-t-il dans cet endroit, un mur des célébrités ou quoi ? Un ballon de football portant l'autographe de Roger Staubach ? Qu'est-ce que c'est ?

– Je vous laisse le plaisir de le découvrir par vous-même, Mike. » Le téléphone du bureau se mit à sonner. Tyler dit à Mike qu'il lui fallait répondre. Mike confirma qu'il serait présent le lundi suivant dès neuf heures. Puis, il emprunta, suivi de Billy, une sortie de côté qui menait directement à leur voiture dans le stationnement.

Chapitre quatre

Après deux jours consacrés à déballer leurs affaires et à les ranger, et à commander de la pizza, Mike et Billy prirent la direction du petit centre commercial, en ville, pour y acheter des vêtements pour l'école ainsi que les pièces d'équipement dont Billy allait avoir besoin pour le football. Sur le chemin du retour, Mike proposa qu'ils s'arrêtent pour déguster une crème glacée. Billy acquiesça avec enthousiasme. Au moment où ils croisèrent le lycée, Mike tourna brusquement le volant pour s'engager dans le stationnement du gymnase.

« Papa, que fais-tu ? demanda Billy.

– Je veux vérifier quelque chose. Je n'arrive pas à chasser cette idée de ma tête. » Il immobilisa la voiture près du gym. Il y avait quelques autres véhicules garés çà et là en dehors du stationnement, mais pas beaucoup de personnes dans l'école. *Sans doute le concierge et quelques membres de l'équipe d'entraîneurs qui se trouvent là aujourd'hui*, se dit Mike.

« Qu'est-ce qui t'obsède à ce point ? demanda Billy.

– Tout le monde parle du fait que la chose la plus importante en ville se trouve dans le foyer du gymnase. Je n'arrive pas à deviner ce que c'est. » Il ouvrit la porte. « Alors, allons voir ce que c'est, si tu es d'accord. »

Ils gravirent les escaliers et poussèrent la porte menant au foyer du gymnase. Il fallut moins d'une seconde à Mike pour apercevoir ce qui constituait la chose la plus importante en ville. Billy et lui marchèrent lentement jusqu'à la vitrine qui s'étendait sur environ 25 m le long du mur.

« Ouah ! dit Billy.

– D'accord avec toi, ajouta Mike.

– Combien y en a-t-il au juste ?

– Comptons-les. » Ils commencèrent à l'extrémité gauche en progressant vers la droite. « Un, deux, trois… dix, onze, douze… seize, dix-sept. Dix-sept !

– Ouah ! répéta Billy.

– Tu l'as dit déjà », rétorqua Mike en rigolant.

Devant eux, au milieu d'une foule d'autres objets de collection, se trouvait la démonstration évidente, éclatante même, de la chose la plus importante d'East Creek, au Texas : dix-sept trophées Golden Football au bas desquels était inscrite la mention suivante :

Champions collégiaux de football de l'État du Texas
Les Cougars d'East Creek
Entraîneur : Brock Logan

Le seul détail distinguant les trophées l'un de l'autre était l'année gravée sur chacun d'eux. Le père et le fils repassèrent les trophées un à un et se rendirent compte qu'au cours des 26 dernières années, le *coach* Brock Logan et ses Cougars d'East Creek avaient remporté dix-sept championnats collégiaux de football.

« C'est presque 70 %, nota Billy.

– Tu as raison. La plupart des entraîneurs seraient heureux d'avoir une moyenne de victoires de 70 %. Ce type a un ratio de championnats d'État de 70/30 ! »

Ils passèrent les dix minutes suivantes à examiner chacune des photos exposées dans la vitrine, les chandails et les ballons de football autographiés. Ils s'intéressèrent tout spécialement aux photos de Brock Logan, beaucoup plus jeune, ainsi qu'à celles de joueurs qui avaient éventuellement fait carrière dans la Ligue nationale de football (NFL).

Sur le chemin du retour, ils s'arrêtèrent pour un burger et une crème glacée et se mirent à discuter du programme de football d'East Creek. Billy était encore plus enthousiaste à l'idée de jouer pour l'équipe, ce qui allégeait un peu son malaise de devoir passer l'année au Texas plutôt qu'en Illinois.

Chapitre cinq

« Voisin, bien le bonjour ! » claironna une joyeuse voix féminine venant de nulle part. Mike détacha son regard des entrecôtes en train de rôtir sur le gril pour chercher d'où venait la salutation. Tout au-dessus de la clôture de côté, il aperçut une tête qui allait à merveille avec la voix : jolie, dans la quarantaine, blonde. Une chevelure abondante, mais pas autant qu'on l'imagine d'habitude en pensant aux femmes du Texas. Il déposa ses ustensiles de cuisson et s'approcha de la clôture.

« Je regrette de ne pas avoir encore eu l'occasion de vous souhaiter la bienvenue, poursuivit la femme, mais je viens à peine de rentrer de voyage et je me suis rendu compte que quelqu'un venait d'emménager à côté. J'ai l'habitude d'offrir des biscuits ou une tarte lorsque de nouveaux voisins s'installent dans le quartier. Enfin, je suis désolée. » Elle fit une pause. « En passant, je m'appelle Tanya. Tanya Knoll. Je… euh… j'habite tout à côté de chez vous.

– C'est ce que j'ai compris… », ajouta Mike. Il était si près de la clôture, maintenant, qu'il devait s'étirer le cou. « … ou alors mes véritables voisins sont en train de péter les plombs parce qu'une femme gesticule et crie au-dessus de leur clôture », ajouta-t-il en souriant.

– Oui… euh… en fait, j'ai aperçu la fumée venant de votre gril et j'ai eu envie de jeter un coup d'œil et de vous saluer. J'espère que vous ne m'en voulez pas.

– Bien au contraire, pas de problème. Je suis enchanté de faire votre connaissance, Tanya. Je suis Mike. » Il tendit le bras vers le haut et elle fit de même vers le bas, par-dessus la clôture. Ils se serrèrent la main, confirmant leur statut de nouveaux voisins.

« Alors, y a-t-il un monsieur Tanya ?

– Non, plus maintenant, malheureusement. Bon, je retire cette parole. C'était un vrai filou, toujours en train de courir ici et là, de boire et de jouer au billard jusqu'aux petites heures du matin. Je ne sais quoi dire d'autre. C'est une longue histoire. Qu'en est-il de vous ? Y a-t-il une madame Mike ?

« Il y a bien une madame Mike, mais elle habite à Chicago, où elle a grandi.

– Pourquoi diable habite-t-elle à Chicago ?

– Elle cherche à tirer au clair si elle demeurera madame Mike ou non.

– Mon cher, comme c'est triste. Elle reviendra à de meilleurs sentiments, j'en suis persuadée.

– Eh bien, nous verrons. C'est là mon souhait, en tout cas.

– Vous avez employé le *nous*. Qui est ce *nous* ? Avez-vous des enfants ?

– J'ai un fils, qui se nomme Billy. Il sera en première année au collège.

– Oh là là ! Je serais prête à parier qu'il joue au football, non ? Vous savez, le football est ce qui compte le plus ici à East Creek. C'est encore plus important aux yeux des gens que l'usine MMC.

– En effet, c'est bien ce que l'on m'a affirmé.

– Que faites-vous dans la vie, Mike ?

– En fait, je suis le directeur de la deuxième chose la plus importante à East Creek. » Il aimait le son de cela. « Je suis le nouveau directeur de l'usine MMC. »

Elle pencha la tête vers l'arrière et se mit à rire. « Bien sûr, j'avais entendu dire que le nouveau type allait arriver en ville pour prendre la relève du vieux Jones. J'aurais dû me douter que c'était vous. »

Mike commençait à penser que Tanya était légèrement… *instable*. C'était exactement le mot qu'il cherchait. « Vous, Tanya, que faites-vous dans la vie ?

– Moi ? Je suis secrétaire juridique. Je sais que le terme *secrétaire* n'est plus très politiquement correct aujourd'hui, mais je m'en fiche. C'est ce que je suis, une secrétaire. Larry, mon patron, dirige seul sa boîte. Il s'affiche comme étant avocat spécialisé dans les coups et blessures corporelles. Je sais, je sais… C'est un traqueur d'ambulances. Il sera prêt à le reconnaître si vous lui offrez quelques gin tonics. Toutefois, il préfère le terme plus réglo. C'est bien ainsi que sont les avocats, vous ne trouvez pas ? »

Bon sang, cette femme est un véritable moulin à paroles ! Par contre, il voyait bien que Tanya était une bonne personne. Étrangement, il se prit d'affection pour elle. Et compte tenu du fait que Billy et lui ne connaissaient presque personne d'autre dans le coin, cela lui paraissait agréable d'avoir une voisine si charmante.

« Sur quoi êtes-vous juchée ? lui demanda-t-il.

– Pardon ?

– Juchée… Sur quoi êtes-vous juchée pour pouvoir regarder ainsi par-dessus la clôture ? Elle est beaucoup trop haute pour que vous soyez simplement là, sur vos deux jambes, à me regarder.

– Ah oui… C'est un seau, sur un tabouret, sur une table, mais c'est parfaitement sécuritaire. Je suis plutôt douée, côté équilibre, vous savez. J'ai fait de la gymnastique lorsque j'étais enfant. En fait, jusqu'à la mort de papa. Maman n'avait plus les moyens de payer mes leçons. Après, ils ont cessé d'offrir cette discipline sportive dans les écoles à cause de l'augmentation spectaculaire des coûts d'assurance entraînés par des gens comme... euh... comme mon patron Larry. »

Mike jeta un coup d'œil au gril. Il conclut que, comme Tanya était plutôt maigrichonne, elle ne devait pas manger beaucoup. Il était certain d'avoir suffisamment de nourriture pour une troisième personne. « Dites donc, Tanya, vous ne seriez pas végétarienne, par hasard ?

– Moi ? Jamais de la vie, Mike. Nous sommes au Texas, vous savez. Nous aimons le bœuf ici. » Son visage devint rayonnant tout à coup. « Vous avez l'intention de m'inviter à souper, n'est-ce pas ? Comme c'est gentil de votre part. Vous êtes vraiment un voisin formidable. Ce devrait plutôt être moi qui vous invite. Bon, d'accord. J'accepte. J'arrive tout de suite. Ce sera super. J'apporterai une salade. Je vous revois dans quelques minutes. » Après cela, elle disparut. Mike entendit le bruit d'un seau tombant d'un tabouret, tombant d'une table, le tout se terminant par un bruit sourd sur le sol. Les mots suivants vinrent de derrière la clôture : « Tout va bien, tout va bien. Je vous revois dans quelques minutes à peine.

– D'accord, répondit Mike, s'adressant à personne en particulier. Je vous invite en effet à manger. Nous nous reverrons donc dans quelques minutes. »

Tandis qu'il se retournait pour revenir au gril, il se dit en lui-même : *Cette soirée risque d'être des plus intéressantes.*

Après le repas, Mike et Billy débarrassèrent la table et se retrouvèrent tous deux dans la cuisine. Tanya demeurait assise sur la terrasse arrière. « Bon sang, papa, cette dame parle sans arrêt.

– D'accord avec toi, fiston, mais je la trouve plutôt intéressante, non ?

– Et drôle. J'ai vraiment rigolé en entendant certaines de ses histoires. Excepté qu'elle prend beaucoup trop de temps pour les raconter.

– J'ai trouvé, après un moment, que c'était justement ce qui la rendait aussi drôle.

– Ouais, peut-être bien.

– Alors, Billy, as-tu envie de te joindre à nous pour un moment encore ou préfères-tu jouer à tes jeux vidéo ?

– Je pense que j'opterai pour les vidéos. Amuse-toi bien à écouter ses histoires. » Billy se dirigea au fond du couloir.

Mike ouvrit la porte coulissante et demanda à Tanya si elle désirait quelque chose à boire. « Non merci, dit-elle, il me reste encore de cette merveilleuse limonade que vous avez préparée. » La nuit commençait à se faire un peu plus fraîche. « Dites-moi, Mike, avez-vous l'intention de vous installer dans le coin pour longtemps ?

– Non, sans vouloir vous offenser, Tanya. Je ne souhaite pas demeurer ici très longtemps. J'aimerais bien pouvoir retourner à Chicago. J'aime le mode de vie des grandes villes.

– Je l'avais deviné. Vos mocassins, vos bas noirs et vos shorts kaki vous ont trahi, renchérit-elle sur un ton taquin.

– Que voulez-vous dire au juste ? J'ai un style d'enfer avec ces fringues !

– Hum. Je pense qu'il vous faut plutôt une paire de bottes de cow-boy. Ce n'est que mon humble avis... »

Mike choisit alors de changer le sujet de la conversation. « En fait, je souhaite beaucoup retourner à Chicago. Peut-être réussirai-je à persuader ma femme de me reprendre.

– Comment s'appelle-t-elle ?

– Kristy.

– C'est joli ! J'ai déjà eu une amie qui portait le même nom. Elle a déménagé durant sa septième année scolaire. Je n'ai jamais su ce qui lui était arrivé. Elle est tout simplement partie. »

Ils restèrent tous deux silencieux durant un moment.

« Alors, pourquoi croyez-vous que Kristy vous a mis à la porte ? demanda Tanya.

– Comment savez-vous qu'elle m'a mis à la porte ?

– À cause de ce que vous avez dit. Vous n'auriez pas le désir qu'elle vous reprenne si c'était vous qui l'aviez quittée de votre propre chef.

– Oh ! c'est une longue histoire. Je crois qu'elle a fini par comprendre que je n'allais pas devenir la personne avec laquelle elle souhaitait être mariée. Peut-être avait-elle pris un risque en se mariant avec moi.

– Que voulez-vous dire par risque ?

– Eh bien, à l'époque, les gens ne cessaient de parler de mon potentiel. Bon sang, j'étais persuadé d'avoir du potentiel. Puis, vous vous réveillez, vingt ans plus tard, et votre femme vous met à la porte, et vous vous retrouvez à East Creek, au Texas – sans vouloir vous offenser.

– Oh ! je comprends très bien ce dont vous parlez. Cela dit, peut-être que vous avez abouti ici pour apprendre quelque chose.

Je crois beaucoup à ce genre de truc, vous savez. Rien n'arrive par hasard. Tout se déroule dans un but précis, selon moi.

– Vous avez peut-être raison.

– Il n'y a pas de peut-être. C'est pour cela que vous et Billy vous retrouvez ici. J'en suis sûre. Vous avez quelque chose à apprendre.

– Ouais… East Creek, au Texas, un bastion de l'éducation supérieure.

– D'accord, va pour ce commentaire désobligeant au sujet d'East Creek, mais si vous continuez à déblatérer de cette manière, je ne le supporterai pas. East Creek n'est peut-être pas une grande ville avec tous ses attraits, mais les gens qui y habitent sont de bonnes personnes et ils ont sans doute des tas de choses à vous apprendre, vous savez. Il vous suffit de vous ouvrir à cette possibilité.

– J'imagine que vous avez raison… » Mike avala une gorgée de limonade.

« Très bien, dit-elle, alors votre défi actuel consiste à demeurer à l'affût des leçons à apprendre et à les mettre en pratique. Vous savez, je lis des bouquins de développement personnel depuis des années. C'est ce genre de sujets dont ils traitent, soit des choses à apprendre pour ensuite les mettre en pratique. Que découvrirez-vous pour ensuite le mettre en pratique, à votre avis ?

– Je n'en sais rien, Tanya. Je ne vous ai pas invitée chez moi pour que vous me serviez un sermon de motivation.

– Eh bien, peut-être avez-vous besoin d'en entendre un. Il me semble que c'est vous, la personne perdue. Moi, j'ai *choisi* de vivre ici. »

Aïe ! Mike se sentit blessé, mais il avait compris. « D'accord. Je garderai l'esprit ouvert, dit-il.

– Formidable. Et que souhaitez-vous voir arriver ?

– Mon objectif ?

– Vos objectifs ?

– Eh bien, c'est évident. Je souhaite retrouver ma femme et m'échapper bientôt d'East Creek.

– Cela me semble suffisamment simple. J'aimerais vous offrir mon aide. Je me tiens donc à votre disposition pour que vous me demandiez mon avis et testiez vos idées sur moi. Je peux vous motiver aussi. Il n'y a rien comme avoir une voisine pleine d'énergie. Et de l'énergie, j'en ai en quantité industrielle.

– Cela me paraît incontestable, Tanya. Incontestable. D'accord, alors. Je veux récupérer ma femme et retourner à Chicago. C'est là mon objectif. Vous me servirez de *coach* en motivation. Marché conclu ?

– Marché conclu, voisin. »

Chapitre six

Mike et Billy se pointèrent sur le terrain de football, le lundi matin, à quatre heures pile. L'entraînement, comme mentionné dans la lettre à Billy de la part du *coach* Logan, devait commencer à quatre heures et demie. Le stationnement était bondé et plusieurs étudiants du lycée avaient déjà pénétré dans l'enceinte.

« Quatre heures du matin, bon sang ! Les entraînements n'ont jamais commencé si tôt à Chicago, dit Billy.

– C'est vrai, fiston, mais on dirait qu'ils prennent la chose très au sérieux ici. Ou plus au sérieux, devrais-je dire. »

La lettre indiquait également qu'il devait y avoir au moins un parent présent à l'ouverture de l'entraînement, le premier jour, de manière à ce que l'entraîneur puisse adresser la parole à tous, ce qui expliquait pourquoi plusieurs voitures se trouvaient dans le stationnement avec un seul parent en train d'attendre que l'entraînement commence. Aux environs de quatre heures vingt-cinq, ils se sont tous dirigés vers le terrain pour s'asseoir dans les gradins. À quatre heures et demie exactement, la porte du vestiaire s'ouvrit d'un coup, et l'équipe sortit. Mike remarqua sur-le-champ que les joueurs formaient une ligne droite et qu'ils étaient parfaitement synchronisés. Ils firent une fois le tour du terrain au pas de course, avec l'entraîneur Logan lui-même à leur tête, puis ils prirent place devant les parents, en position de repos. Tous les garçons posèrent un genou par terre et écoutèrent avec attention, tandis que le *coach* adressait la parole aux personnes présentes : « Je vous dis bonjour, chers parents. Je suis le *coach* Logan, et voilà l'équipe de football des Cougars de cette année, les futurs champions de l'État du Texas ! » Le petit groupe de parents réunis réussit à faire pas mal de bruit en dépit de l'heure matinale. « Je suis reconnaissant du fait que vous me confiez vos enfants et je vous promets que je ferai d'eux les meilleurs joueurs de ballon qu'ils puissent être. Plus encore, je m'efforcerai d'en faire des hommes. Ils deviendront les meilleurs étudiants qu'ils puissent être, ils développeront leur caractère et deviendront de véritables *leaders*. C'est là ma tâche la plus importante pour la prochaine année. Maintenant, si vous n'avez pas de questions, nous avons une longue année devant nous et il nous faut nous mettre au travail au plus tôt. Je suis heureux que vous ayez fait en sorte que vos garçons soient présents à l'heure ce matin. » Il se tourna alors vers les jeunes joueurs et leur cria : « Tout le monde sur le terrain ! » Les jeunes s'élancèrent alors à son commandement pour former un carré à la ligne des vingt verges. « Chers parents, si vous avez des questions ou des préoccupations, je vous invite à me les communiquer. » Puis, le *coach* Logan tourna les talons et courut pour aller rejoindre ses joueurs.

Mike s'adressa à un homme assis à côté de lui. « Salut, dit-il en lui tendant la main. Je suis Mike Keller.

– John Carter, dit l'homme, tandis qu'ils se serraient la main.

– Nous venons d'arriver en ville. Nous habitions à Chicago auparavant. Mon fils Billy est en première année au collège.

– Chicago, dites-vous ? Qu'est-ce qui vous amène dans le coin ?

– MMC. Je suis le nouveau directeur de l'usine.

– Quelqu'un m'avait dit qu'ils allaient envoyer un nouveau type. C'est donc vous ?

– Ouais. J'ai bien hâte de me mettre au boulot.

– Eh bien, je crois qu'ils ont besoin d'un nouveau *leadership*. J'espère que vous serez en mesure de remplir ce mandat.

– Je pense que j'ai ce qu'il faut, mais je crois que je pourrais moi-même devenir un meilleur *leader*.

– Vous devriez donc passer davantage de temps avec Logan. C'est le meilleur *leader* qu'il m'ait été donné de rencontrer.

– Vraiment ? Je veux dire, il a remporté un tas de championnats, mais il n'est… qu'un simple entraîneur de football.

– Écoutez, je vais vous donner un conseil. Ne laissez personne ici vous entendre dire une chose pareille. Dire du mal du *coach* Logan signifierait votre arrêt de mort. Aussi, attendez de mieux le connaître. Si le *coach* Logan était dans l'armée, il serait général. S'il faisait des affaires, il serait PDG. S'il était en politique, il serait président. Actuellement, il s'investit dans le football collégial, et c'est le *coach* ayant accumulé le plus de victoires dans l'histoire du plus grand État où l'on joue au football de la nation tout entière. Il est bon à ce point.

– Vraiment ? J'imagine que j'ai encore beaucoup de choses à apprendre. Que dois-je faire pour mieux le connaître ?

– Portez-vous volontaire pour l'aider à visionner les enregistrements.

– Visionner les enregistrements ?

– Ouais, lui et son équipe d'entraîneurs revoient les bandes vidéo des parties et des entraînements pour noter les choses à corriger pour les futures parties. Il recrute quelques volontaires chaque année. C'est difficile d'obtenir une place, mais comme vous faites partie de la direction de la MMC, vous avez de bonnes chances qu'il vous prenne. Ils regardent les bandes tous les soirs, mais vous pourriez offrir vos services les mardis soir. Le mardi est la soirée la plus importante de la semaine. Vérifiez avec lui. Je ne connais personne de meilleur que lui pour vous aider à développer davantage de *leadership*.

– Merci beaucoup, John. C'est ce que j'ai l'intention de faire. Devrais-je lui téléphoner pour le lui demander, tout simplement ?

– Je pense que cela suffira, s'il vous laisse entrer. »

Chapitre sept

Mike et Billy étaient assis devant la télé, tard dans la soirée du mercredi, lorsque le téléphone sonna. Mike attrapa le récepteur : « Allo, répondit Mike.

– Mike ? *Coach* Logan à l'appareil.

– Hé ! *coach* Logan. Merci de me rappeler.

– Pas de problème. J'ai eu votre message. Je suis très sélectif en ce qui concerne nos bénévoles, mais je suis prêt à courir le risque avec vous, puisque vous êtes aux commandes de la MMC. Vous devez exceller dans ce que vous faites. Avez-vous des notions de football ?

– Eh bien, je n'ai rien d'un Vince Lombardi, mais j'y ai beaucoup joué dans ma jeunesse et j'adore ce sport. J'ai même remporté le championnat, une année, au Fantasy Football[2]. » Dès que ces mots furent prononcés, Mike sut que c'était un désastre.

« La ligue Fantasy Football, dites-vous ?

– Ouais… je veux dire…

– Bon, c'est entendu, je vous prends quand même comme bénévole en dépit de cela. Il n'y a rien de virtuel dans ce que nous faisons ici, Mike.

– Je sais, j'aurais dû… euh…

– Écoutez, Mike. J'ai bien observé votre fils. Il est très bon. C'est plutôt difficile pour quelqu'un de déménager ici durant sa première année au collège, mais nous avons un endroit ou deux où je le verrais bien investir davantage de son temps. Remarquez, je ne promets rien pour l'instant, mais Billy travaille très fort, il frappe fort aussi et il semble avoir une tête sur les épaules. C'est le type de joueur que nous recherchons. Je pense qu'il pourrait prendre part à l'action.

– Vous le pensez vraiment ? C'est formidable. Je le lui dirai.

– Non, n'en faites rien. Il a encore un bon bout de chemin à faire et il a besoin de mettre tout son cœur à l'ouvrage. Cependant, il est sur la bonne voie.

– Bon, d'accord. Alors, quand avez-vous besoin de moi ?

– Eh bien, la première partie est dans trois semaines. Je vous prendrai pour les sessions du mardi soir, mais nous avons une rencontre ce vendredi à laquelle vous êtes tenu de prendre part. Chez moi. Burgers, côtes levées et hotdogs. N'apportez rien. Soyez là tout simplement à dix-neuf heures pile. Nous passerons à table puis nous visionnerons quelques bandes vidéo. Cela vous donnera l'occasion de faire connaissance avec les autres entraîneurs et de voir comment nous procédons. Quatre cent onze, rue Oak. Je vous attends.

– D'accord, *coach.* » La ligne était déjà morte. *Je suis un homme mûr. Je n'arrive pas à croire que je viens d'appeler un type* coach.

Chapitre huit

Mike décida de se rendre à l'entraînement du jeudi et du vendredi, du moins vers la fin de l'exercice, afin de voir comment les choses s'y déroulaient. Il désirait également voir Billy en action. Ce qu'il put observer lui rappela les exercices militaires. Il n'avait jamais vu des étudiants du lycée être poussés ainsi à leurs limites. Ce spectacle le rendit un peu inconfortable, même si les jeunes semblaient bien réagir et bien gérer la chose. Il se dit qu'il trouverait une occasion, lors de la rencontre du vendredi avec le *coach* Logan, pour soulever la question.

Le « barbecue » arriva assez rapidement. Mike se retrouva, une bière à la main, avec un groupe d'hommes qu'il n'avait jamais vus auparavant – tous debout autour du gril à regarder rôtir la viande. On ne parlait que de football. Chaque fois que Mike se présentait à quelqu'un, cela engendrait une conversation dans laquelle il était mentionné que l'usine avait besoin d'un nouveau *leadership*. Puis, le sujet revenait au football. Mike discutait plus de football et de *leadership* qu'il ne l'avait jamais fait auparavant. Il trouvait les échanges autour du football plutôt instructifs, mais les idées partagées sur le *leadership* l'ont un peu surpris.

Tout le monde finit par remplir son assiette. Puis, les invités s'assirent en cercle dans la cour arrière de l'entraîneur Logan. Ce dernier s'adressa à eux : « Bon, nous allons visionner la vidéo après le repas. Le temps me semble bien choisi pour discuter de n'importe quel sujet de votre choix. Alors, quel thème souhaitez-vous aborder ? » Chacun regardait autour de lui pour voir qui serait le premier à lancer quelque chose. Après un moment, Mike décida que ce serait lui : « J'ai une question. Bon, je sais que je suis nouvellement arrivé ici, c'est pourquoi je cherche simplement à comprendre le programme. Il me semble que vous poussez ces jeunes un peu trop durement et que vous placez la barre plutôt haut. Je suis bien d'accord que l'on motive les jeunes, mais ne croyez-vous pas que vous y allez un peu trop fort ? »

On aurait dit que le temps s'était arrêté. Chacun était assis, bouche bée, à dévisager Mike. Le silence était total. Il était évident qu'il s'agissait là d'une question qui n'avait jamais été posée jusqu'ici. Et sans doute que personne n'avait même jamais imaginé poser une telle question. *À leur regard,* pensa Mike, *on croirait que je viens de proposer que nous nous mettions tous en costume d'Adam et que nous allions traverser le centre-ville d'East Creek au pas de course.* Après un moment plutôt bizarre, l'entraîneur Logan choisit de bonne grâce de briser le silence : « C'est une bonne question, Mike. Et l'enjeu est très important, à mon sens. Je suis heureux de pouvoir la traiter. » Les autres hommes regardaient le *coach*. Mike se sentait comme s'il venait d'être sauvé de la noyade. *Sans doute aurais-je dû me la fermer.* « Mike, à mesure que vous prendrez racine ici, vous découvrirez qu'il n'y a qu'une chose qui soit plus importante pour moi que le football, et c'est le *leadership*. Ultimement, ce que je veux, c'est former des *leaders*. Certains de ces jeunes hommes iront à l'université et y joueront au football. Quelques-uns d'entre eux seulement se joindront à une équipe de la NFL. » Il se tourna vers Carl Connors. « Carl, combien de nos jeunes ont joué au sein de la NFL ?

– Sept », répondit Carl.

L'entraîneur Logan regarda Mike de nouveau. « Sept. C'est une bonne moyenne pour un collège, j'imagine, mais c'est un très faible pourcentage. Sur les sept, deux seulement ont pu faire carrière dans la ligue. Vous voyez, il ne s'agit pas vraiment de football. C'est plutôt une question de *leadership*. Tous ces jeunes hommes poursuivront leur route en démarrant une entreprise, en élevant une famille, et ainsi de suite. L'objectif à long terme n'est pas de remporter des championnats. C'est plutôt de former des champions. Et les champions sont des *leaders*. Tous les jeunes qui participent à notre programme peuvent devenir des *leaders* dans la vie. C'est la chose qui nous préoccupe vraiment ici.

« Alors, pour répondre directement à votre question… Ma première règle de *leadership* est la suivante : *vous obtenez le résultat auquel vous vous attendez*, d'habitude. Est-ce que je pousse ces jeunes un peu trop fort ? Ouais. Probablement plus fort qu'ils ne le seront jamais au cours de leur vie. Est-ce que cela leur fait du mal ? Bien sûr que non. De mon point de vue, Mike, la plupart des *leaders* ne mettent pas la barre assez haut. Les gens ne répondent pas aux attentes trop faibles. Ils répondent aux attentes élevées. Que réussirais-je à obtenir des membres de mon équipe, selon vous, si je commençais l'année en leur disant que j'espère qu'ils pourront se rendre en finale ?

– Euh… J'imagine qu'ils feraient de cela leur objectif.

– Vous avez raison. C'est exactement ce qu'ils espéreraient accomplir. Il est possible qu'ils souhaitent se rendre plus loin, mais ils auraient tendance à viser les parties éliminatoires. Ainsi, je préfère plutôt leur dire que je m'attends à ce qu'ils remportent le championnat. C'est là mon attente.

– Bon, d'accord, j'ai compris. C'est là l'objectif. Par contre, la manière avec laquelle nous les poussons durant les entraînements…

– Voilà où se trouve le problème avec les adolescents et les gens en général, Mike. Personne ne s'attend à rien de leur part. Tout le monde s'attend à ce que les adolescents soient paresseux, qu'ils se lèvent tard, qu'ils n'assistent pas à certains cours, qu'ils fassent la fête et qu'ils passent leur temps à jouer à des jeux vidéo. Et lorsqu'ils deviennent adultes, à quoi nous attendons-nous de leur part ? Qu'ils soient moyens. C'est la raison pour laquelle la plupart des gens finissent par être dans la moyenne. Pour ma part, je préfère laisser les autres entraîneurs produire des gens moyens. Le programme des Cougars est conçu pour produire des *leaders*. Nous sommes une machine à produire des *leaders*, n'est-ce pas vrai, les gars ? » Les autres hommes répondirent par l'affirmative. Phil Burns a affirmé ceci : « Nos p'tits gars sont de la graine de *leaders*, je vous le dis. » Après avoir dit cela, il pencha la tête en arrière en avalant une autre lampée de bière.

« Voici à quoi je m'attends, Mike. Je m'attends à ce qu'ils soient les meilleurs étudiants qu'ils puissent être. Je m'attends à ce qu'ils se comportent de manière honorable en tant que jeunes hommes. Je m'attends à ce qu'ils montrent du respect envers les personnes plus âgées. Je m'attends à ce qu'ils soient ponctuels. Je m'attends à ce qu'ils se soient bien préparés. Je m'attends à ce qu'ils donnent leur 110 %, et ce, dès le moment où ils sont sur le terrain. Je m'attends à ce que chaque joueur mette de côté son ego et vise d'abord le bien-être de l'équipe. Et je m'attends à ce qu'ils jouent de manière à remporter la victoire à chacune des parties. Ce n'est pas là ce que nous espérons, c'est plutôt ce que nous attendons d'eux.

– Cela est certainement louable, *coach*, mais n'est-ce pas là ce que tout le monde attend ?

– Non, Mike, je ne crois pas. Il est possible que les autres en parlent dans leurs discours, mais nous, nous sommes sérieux lorsque nous le disons. Vous avez raison quant au fait que tous les entraîneurs répètent la même rengaine, mais chez nous, nous ne nous contentons pas de seulement le dire, nous le demandons à nos joueurs. Des milliers, voire des dizaines de milliers d'entraîneurs affirment qu'ils attendent le meilleur de leurs joueurs, mais ils se contentent de moins que cela après coup. Nous n'acceptons rien de moins que ce à quoi nous nous attendons.

– Ne trouvez-vous pas cela un peu irréaliste ?

– Croyez-vous ? J'ai un amoncellement de quincaillerie dorée au gym, soit dix-sept trophées de championnat d'État qui prouvent que ce n'est pas du tout irréaliste. La différence se trouve dans le fait de se montrer redevable. Nous tenons à ce que les gens répondent aux attentes que nous avons envers l'équipe. Voici un exemple : Chuck Gillan. Déjà entendu parler de lui ? » Les autres invités hochaient la tête en signe d'acquiescement.

« Non, dit Mike.

– C'est bien dommage. Il aurait pu devenir quart-arrière dans la NFL. Devinez ce qu'il fait maintenant ? Il passe le balai dans un élévateur à grain. Savez-vous pourquoi ?

– Non, pourquoi ?

– Chuck était le meilleur quart-arrière jamais passé par ici. Probablement l'un des trois meilleurs dans toute l'histoire du Texas. Nous lui avions donné le sobriquet de "lance-roquette". Il avait un bras d'enfer. À seize ans seulement, il arrivait à lancer le ballon en plein dans le mille sur quarante verges. » Un des hommes présents dans le cercle, Baxter Murphy, leva les yeux au ciel en sifflant, se rappelant de toute évidence un lancer que lance-roquette avait effectué. Le *coach* se tourna vers lui : « Tu es sûrement en train de te remémorer sa première partie, non ?

– Ouais, répondit Baxter, se tournant vers Mike, les yeux brillants. Nous tirions de l'arrière par six points, avec dix secondes à faire contre une équipe d'une grande ville. Notre quart-arrière principal s'était fracturé le bras durant le troisième quart. Lance-roquette fit alors son entrée sur le terrain. Il constituait en quelque sorte une espèce d'arme secrète à ce moment-là, c'est pourquoi les types d'en face ne savaient absolument rien sur lui. Ils se placèrent donc en position défensive. Il est clair que nous devions chercher à atteindre la zone des buts. La plupart des gens auraient opté pour passer à quelqu'un le ballon en espérant le mieux. Le *coach* demanda à l'un des receveurs de courir jusqu'à la zone des buts et de faire un crochet vers la droite une fois rendu, disons à une verge à l'intérieur. C'est un lancer que la plupart des pros n'oseraient même pas tenter. Lance-roquette exécuta alors l'un des plus beaux lancers dans l'histoire du football collégial. Il enfila le ballon entre trois types, droit dans les mains du gars complètement seul dans les buts. La transformation réussie, nous avons remporté la victoire. Bon sang, c'était vraiment quelque chose à voir.

– Puis, tout est allé de mal en pis, ajouta l'entraîneur.

– Que s'est-il passé ? demanda Mike.

– Eh bien, comme j'ai dit, nous avons des attentes et nous tenons à ce que nos gars se montrent prêts à les satisfaire. Ce jeune homme avait le monde au bout de ses doigts, mais il ne voulait pas se conformer aux règles. Il croyait être meilleur que tous les autres. Il se pointait en retard aux entraînements, bâclait ses exercices, ne donnait pas le meilleur de lui-même en classe, sortait boire avec des amis après les parties. Son comportement était inacceptable.

– Cela me semble un comportement typique de plusieurs jeunes de son âge, non ?

– Celui de nombreux jeunes de son âge qui ne savent pas comment devenir des gagnants, qui n'ont pas appris à se fixer un objectif les poussant à se dépasser pour atteindre leur but. C'est la raison pour laquelle les Cougars d'East Creek travaillent dur en vue d'un dix-huitième championnat cette année.

– Qu'est-il arrivé à lance-roquette, alors ? Qu'avez-vous fait au juste ?

– Je l'ai tenu à l'écart du jeu. Cela me tuait littéralement. Jamais, au cours de ma vie, je n'ai eu autant envie de briser l'une de mes règles, comme avec lance-roquette. Je cherchais toutes les raisons possibles pour le laisser jouer, mais je ne pouvais faire autrement. Cela aurait causé du tort aux jeunes et à moi-même. Je l'ai donc laissé poireauter sur le banc. J'espérais que cela le pousse à changer d'attitude. Ce ne fut pas le cas. J'ai finalement dû le renvoyer de l'équipe parce qu'il empêchait les autres de se concentrer sur leur travail. Il abandonna l'école en cours d'année. Il a déménagé au Nebraska chez un cousin. La dernière fois où j'ai entendu parler de lui, il gagnait huit dollars de l'heure.

– Bon sang, cela a dû être un coup dur pour l'équipe, cette année-là, non ?

– Pas vraiment, nous avons quand même remporté le championnat de l'État. Nous avions un jeune en première année qui était notre troisième quart-arrière. Il a sauté dans la mêlée, est devenu un *leader* et cela nous a lancés en avant. Nous n'avons pas eu une moyenne de passes extraordinaire cette année-là, mais nous avons eu une attaque au sol très forte et une équipe défensive du tonnerre. Nous avons gagné 21-20 au Texas Stadium. Ce fut une heureuse victoire. Nous avons fait la preuve qu'il est possible de demeurer fermes sur les valeurs qui sont les nôtres et de remporter la victoire quand même. Ce fut là une grande leçon de *leadership* pour moi, pour le personnel et pour l'équipe. Devinez où se trouve ce quart-arrière aujourd'hui.

– Où ?

– Il a démarré une affaire en Oklahoma et il gagne vingt millions par an. Ce jeune homme est devenu un véritable *leader*.

– Alors, vous obtenez le résultat auquel vous vous attendez ?

– Vous obtenez le résultat auquel vous vous attendez et que vous exigez des autres. C'est aussi simple que cela, Mike.

– En effet, cela me paraît très simple.

– Vous savez, beaucoup de personnes voient cela comme si c'était de la physique quantique. Pourtant, cela n'a rien de sorcier. J'ai deux ou trois autres principes de *leadership*, vous savez. Je vous les partagerai un de ces quatre. D'ici là, allons regarder quelques bandes vidéo. »

Tout le monde se leva pour entrer dans la maison. Le temps était venu de regarder un peu de football.

Chapitre neuf

Ce fut un dimanche après-midi plutôt propice à se la couler douce jusqu'à ce que l'on sonne à la porte. Mike ouvrit et vit Tanya qui se tenait là, un immense plateau dans les mains, dont le contenu était recouvert de papier alu. « Salut, voisin !

– Bonjour, Tanya. Entrez, je vous prie. » Mike fit un pas de côté pour l'inviter d'un geste de la main. « Qu'est-ce que vous apportez là ?

– Mes biscuits, les meilleurs au monde : pépites de chocolat et farine d'avoine. Ils sont vraiment délicieux. Depuis que vous avez emménagé, je me sentais si coupable de ne pas vous avoir offert un cadeau de bienvenue digne de ce nom. » Elle passa devant Mike pour se rendre directement à la cuisine. « Ils viennent tout juste de sortir du four. Vous et Billy les adorerez. Ils ne sont peut-être pas vraiment les meilleurs au monde, mais ils sont tout à fait savoureux. Les gens les adorent lors des réunions de famille. » Elle retira le papier alu et l'arôme des biscuits se répandit dans la cuisine. Mike ne put s'empêcher d'en attraper un dans chaque main et de prendre une bouchée.

« Bon sang ! Ils sont incroyables !

– Je vous l'avais dit ! Les gens les adorent.

– Cela ne m'étonne pas… Dites, Tanya, auriez-vous quelques minutes ?

– Bien sûr. Qu'y a-t-il ? Vous avez l'air préoccupé.

– Je suis en train de réfléchir à quelque chose et j'aimerais avoir votre avis. Je vais nous préparer du thé glacé et nous irons nous asseoir dans la cour arrière, si vous le voulez bien. »

Quelques minutes plus tard, ils se trouvaient assis sur le patio. « Dites-moi, Tanya, que pensez-vous de Brock Logan ?

– Le *coach* ? J'ai beaucoup d'estime pour lui. J'ai grandi à deux portes de chez lui. Nous étions des copains de classe. En fait, ne le dites à personne, mais il a été ma première flamme en sixième année. Il était si mignon.

– Oh ! je regrette presque de vous avoir posé la question, dit Mike en souriant.

– Ah, vous... Oui, je le connais depuis toujours. Pourquoi ? Qu'aimeriez-vous savoir à son sujet ?

– Commençons par son histoire personnelle...

– En fait, c'est assez simple. Il a grandi dans le coin. Il était un étudiant moyen, peut-être légèrement au-dessus de la moyenne. Il pratiquait la lutte et jouait au football.

– Un joueur étoile ?

– Non. Personne n'aurait pu deviner qu'il deviendrait le plus grand entraîneur de football collégial de toute l'histoire du Texas.

– Vraiment ? Comment se fait-il qu'il le soit devenu, alors ?

– Il s'est enrôlé dans l'armée. Il y est resté pendant quatre ans, il est revenu en ville et s'est trouvé un emploi à la MMC. Le lycée se cherchait un entraîneur de football et personne ne voulait de ce boulot. Ce n'était pas un truc aussi important, à l'époque. Il est autodidacte. Il a su tirer de précieuses leçons dans sa vie et il a trouvé le moyen de les inculquer aux autres. Cela a changé les choses du tout au tout au sein de l'équipe – et j'imagine que, comme on dit, le reste fait partie de la légende.

– Que savez-vous de ces règles de *leadership* dont il parle continuellement ?

– J'en ai souvent entendu parler, mais je ne les connais pas. C'est vraiment son truc, vous savez, le *leadership.* » Tanya se leva et se dirigea vers la cuisine. « Vous voulez un autre biscuit ? Je vais aller en chercher.

– Bien sûr, apportez-m'en deux. »

Une fois de retour à l'extérieur, elle demanda : « Alors, comment va Kristy ?

– Euh… Vous dites ? » Mike fut décontenancé par la question.

« Vous savez… madame Mike. Qu'est-ce qui se passe de ce côté ?

– Oh, l'autre jour, je lui ai parlé au téléphone. Ça va.

– Vraiment ?

– Eh bien, je veux dire, nous travaillons là-dessus. Je ne sais pas…

– Que croyez-vous qu'elle pense que vous voulez ?

– Je n'en sais rien. » Il prit une gorgée de thé glacé.

Tanya poursuivit : « Vous devez lui faire savoir que vous désirez que cela marche. Cela ne se fera pas sans que vous y mettiez des efforts. Que souhaitez-vous voir se produire au juste ? Vous obtenez ce à quoi vous vous attendez, vous savez ! »

Mike tourna rapidement la tête : « Qu'avez-vous dit ?

– Que souhaitez-vous voir se produire au juste ?

– Non, après…

– Je ne me rappelle pas. De quoi parlez-vous ?

– Avez-vous dit : “Vous obtenez ce à quoi vous vous attendez” ?

– Euh… oui. C'est quelque chose que je dis tout le temps. Selon moi, c'est tellement vrai. *Vous obtenez ce à quoi vous vous attendez.* Quel est le problème ? »

Mike regardait au loin. « Il n'y a pas de problème. C'est intéressant, voilà tout. L'autre jour, on m'a répété la même chose. En fait, c'était le *coach* Logan.

– Les gens à l'intelligence supérieure ont des pensées qui se ressemblent, ne trouvez-vous pas ? » Elle souriait de toutes ses dents.

Chapitre dix

Samedi après-midi, Billy invita un de ses nouveaux amis, Allan, chez lui, pour jouer au nouveau jeu vidéo de football, Madden. Allan faisait aussi partie de l'équipe, mais il ne participait pas beaucoup à l'action sur le terrain à cause de sa petite taille. Toutefois, il était plutôt futé. Lui et Billy partageaient certains cours.

Ils discutaient, tandis qu'ils faisaient des allers et retours sur le grand écran de télé. « Alors, comment trouves-tu East Creek ? demanda Allan.

– C'est bien. Plus chaud que n'importe quel endroit où je me suis trouvé jusqu'ici.

– Ce ne sera plus aussi chaud dans peu de temps. Au moins, ton père a fait l'achat d'un climatiseur. » Allan lança une passe virtuelle qui se termina par un toucher, ce qui provoqua un élan d'enthousiasme et de joie. Pendant que les équipes se mettaient en position en vue du prochain botté d'envoi, il demanda : « Ta mère te manque-t-elle ?

– Euh... » Billy ne s'attendait pas à cette question. Il n'avait pas l'habitude de parler de ses problèmes familiaux avec les autres. Il lui arrivait même très peu souvent d'aborder le sujet avec ses propres parents.

« Je veux dire, te manque-t-elle parfois ?

– Ouais, j'imagine...

– Qu'est-ce que ton père a bien pu faire de mal pour que vous soyez mis à la porte tous les deux ? »

Billy laissa tomber la manette. « Il n'a rien fait du tout. Quel est ton problème au juste ? Pourquoi cherches-tu à savoir tous ces trucs ?

– Hé, mec, je ne cherche pas à te créer de problèmes. Je me disais simplement que tu aurais peut-être envie de parler de tout cela. Il n'y a rien d'amusant dans le fait de devoir traverser la moitié du pays pour venir s'installer à East Creek, et de laisser sa mère derrière. »

Billy attrapa le coup d'envoi et ramena le ballon à la ligne des trente verges. « En fait, en ce moment, c'est un sujet plutôt difficile pour moi. Je n'aime pas beaucoup en parler, mais je peux te répondre, si tu y tiens vraiment.

– D'accord, si tu veux bien m'en parler, mais ne te sens pas obligé du tout.

– Non, ça va… » Ils firent une pause dans la partie. « Ma mère et mon père sont tous deux des gens extrêmement performants. Du moins, c'est ce qu'ils souhaiteraient être. Ma mère ne cesse de parler du potentiel de mon père, mais il a vécu une période difficile à son boulot. Ils avaient toujours rêvé du jour où il deviendrait un des PDG de la société, avec le gros salaire, la maison au bord de la mer et tout le tralala. Un soir, je les ai entendus se disputer. Papa ne gravissait pas les échelons assez rapidement. Je crois qu'ils dépensaient plus d'argent qu'ils n'en gagnaient. À partir de là, tout est allé de travers.

– Ta mère a laissé tomber ton père parce qu'il n'avait pas obtenu de promotion ? Bon sang, c'est plutôt dur de sa part.

– Non, ce n'est pas cela. C'est ce qui s'est produit, mais elle n'a jamais arrêté de se plaindre du fait qu'il avait cessé de progresser depuis un bon moment déjà. Elle répétait qu'il avait baissé les bras et qu'il faisait du surplace. Il pensait que le monde allait lui procurer ce qu'il désirait sur un plateau d'argent.

– Avait-elle raison, à ton avis ?

– Non. Je ne crois pas. Mon père est plutôt *cool*. Je n'ai aucune idée de ce qui pose problème, tu sais. J'imagine que ma mère aurait voulu que mon père devienne quelqu'un d'autre et qu'il ne voulait pas changer, ou quelque chose du genre. C'est tout ce que je peux en dire.

– Alors, te manque-t-elle ?

– Ouais. Elle me manque. J'espère qu'ils reviendront ensemble.

– Eh bien, peut-être qu'ils le feront. » Il n'y avait pas grand-chose d'autre à ajouter à ce point. Ils se remirent donc à jouer à Madden.

Chapitre onze

Mike se pointa en courant à la MMC vers neuf heures quarante-cinq et se rendit tout droit au bureau de Tyler. « Salut, Tyler. Comment votre fin de semaine s'est-elle passée ?

– Assez bien, patron. Et la vôtre ?

– Formidable. Je dois me mettre au boulot. » Il s'assit au bureau en face de celui de Tyler. « Hé, j'ai réfléchi à quelque chose. Peut-être n'attendons-nous pas assez de nos employés ?

– Que voulez-vous dire au juste ?

– Eh bien, vous savez, la plupart de ceux qui obtiennent un emploi dans cette entreprise y travaillent pour des années. Il n'y a pas beaucoup de place pour de l'avancement. Je me dis que nombre d'entre eux ont sans doute opté pour le *statu quo*. Notre performance en souffre et nous n'obtenons pas de leur part tout ce qu'ils peuvent donner. C'est pourquoi il nous faut nous attendre à plus de leur part.

– Qui vous a donné une telle idée ?

– Le *coach* Logan. Je me suis offert comme bénévole pour visionner les bandes vidéo des parties et des entraînements. C'est un sujet que nous avons abordé ensemble.

– Alors, vous avez l'intention de diriger MMC comme si c'était une équipe collégiale de football ?

– Non, pas du tout. Je veux dire, eh bien… peut-être que si. Pas comme une équipe de football en soi, mais l'entraîneur Logan avait bien raison lorsqu'il a parlé des attentes élevées qu'il avait envers ses joueurs et du fait que ces derniers essaient de se montrer à la hauteur de ses attentes. J'ai l'impression que c'est quelque chose sur lequel nous devrions mettre l'accent ici.

– Eh bien, ce que les gens reprochaient à l'ancien directeur, le vieux Jones – et croyez-moi, je suis entièrement d'accord avec eux –, est qu'il s'était installé bien confortablement en laissant tout fonctionner sur le pilote automatique. Les gens sont à l'évidence très bien ici, ils entrent au boulot, font leur travail, partent à la fin de la journée.

– Nous allons changer tout cela.

– D'accord. Que proposez-vous au juste ?

– Nous devrions travailler là-dessus, vous et moi. Peut-être devrions-nous inviter quelques personnes qui pensent comme nous à faire équipe avec nous, puis nous fixer des objectifs clairs et définir nos attentes envers les employés en ce qui concerne leur travail. Qu'en pensez-vous ?

– Je suis partant. Dites-moi simplement ce que vous attendez de moi.

– Dressez-moi une liste de gens proactifs et déterminés au sein de notre entreprise ou de ceux que vous estimez avoir le potentiel de le devenir. Assurez-vous que nous aurons une bonne représentation de tous les échelons de l'entreprise, du personnel cadre au simple manœuvre, en sorte que nous puissions découvrir ce que pensent les gens œuvrant sur tous les plans. Nous les réunirons dans une salle de conférences et passerons quelques heures avec eux.

– Bien noté, patron. »

Durant les deux semaines qui suivirent, Mike et Tyler, aidés de dix-huit personnes sélectionnées sur les différents paliers de l'usine, unirent leurs forces pour définir quelles attentes établir à l'égard des employés en ce qui concerne les valeurs, les attitudes et les comportements. Ils se sont rencontrés une heure à la fois afin de mieux cerner quelle était la mentalité ambiante, ce qu'elle devrait devenir et la façon d'amener les employés jusque-là. Lorsqu'ils eurent réussi à mettre tout cela sous forme d'un document qui représentait non seulement les objectifs de la direction, mais également les idées des travailleurs d'East Creek, ils firent circuler le papier à tous les échelons de l'usine.

À vrai dire, la chose ne fut pas très bien reçue. La plupart des gens qui travaillaient à la MMC y étaient depuis des années. À East Creek, une fois que vous étiez engagé par MMC, vous y demeuriez pour la vie. La paie était bonne, les avantages sociaux étaient les meilleurs en ville et lorsque vous aviez terminé votre quart de travail, vous aviez le reste de la journée à vous. Personne n'apportait de boulot à la maison. En majorité, les gens étaient plutôt complaisants au travail, n'en faisaient jamais plus que ce qui était considéré comme la moyenne. Pour dire la vérité, c'était aussi ce que l'on attendait d'eux. On ne les invitait jamais à rechercher l'excellence au travail et on ne s'attendait vraiment pas à ce que qui que ce soit se fasse du souci pour l'avenir de la MMC une fois son quart de travail terminé à l'usine.

L'absence de changement contrariait Mike. Pour lui, cela constituait un véritable défi de motiver les gens. Il n'avait jamais vraiment eu à composer avec une mentalité de groupe comme celle à laquelle il se trouvait exposé à l'usine MMC. Quand il poussait dans une direction, les gens tiraient dans la direction contraire. Il devint de plus en plus frustré par ce qu'il estimait être son manque de capacité à donner une direction et par le manque de désir chez ses employés de suivre ses consignes et de changer. Il décida de demander l'avis de quelqu'un.

« C'est ouvert ! » dit le *coach* Logan.

Mike poussa la porte du bureau du *coach* Logan et entra.

« Hé ! Mike. Comment allez-vous ?

– Très bien, *coach*. Avez-vous une minute à m'accorder ?

– Bien sûr. Je peux vous accorder environ une quinzaine de minutes. Que puis-je faire pour vous ?

– Eh bien, je me sens un peu bête de venir ici pour vous demander conseil, mais... » Il hésitait à poursuivre.

« Hum... Je sais que vous êtes tout sauf bête, dit Logan.

– C'est que, vous savez, je suis un cadre de haut niveau qui a fait de longues études. Je devrais sans doute savoir ce que je fais.

– Et je ne suis qu'un simple entraîneur de football collégial ?

– Ce n'est pas ce que je voulais dire.

– Bien sûr que si, mais cela ne me dérange pas le moins du monde.

– Ah bon ?

– Je vous assure. Voyez-vous, j'ai appris à ne pas accorder trop d'importance au statut des gens au sein de la société. PDG au sommet de l'échelle sociale, entraîneur de football à l'échelon inférieur, tout cela, c'est de la foutaise.

– Je trouve votre point de vue intéressant.

– Mike, ce n'est pas un point de vue, c'est une réalité. C'est vous qui êtes venu me voir, n'est-ce pas ?

– Effectivement, mais…

– Il n'y a pas de mais. Arrêtez n'importe quel PDG sur le trottoir et demandez-lui s'il n'a pas envie de remporter dix-sept championnats collégiaux de l'État du Texas, de recevoir la douche de Gaterade et de se faire porter du terrain au vestiaire par cinquante jeunes champions criant à pleins poumons, parce qu'ils viennent de se prouver à eux-mêmes que, oui, on peut réaliser l'impossible lorsque l'on aspire à le vivre. Tous les PDG accepteraient de changer de place avec moi sans aucune hésitation. Ils n'auraient absolument aucun regret. N'importe quel *leader* adorerait faire l'expérience d'une réussite comme la mienne. Je me fiche complètement du fait que je ne gagne que quarante mille dollars par an. Je remporte des victoires. Je fais une différence. Je change la vie des gens. C'est tout ce qui compte vraiment. Je n'ai aucune envie de faire comme les types importants qui se promènent dans un costume trois pièces. Je n'ai rien à prouver. Je suis ce que je suis et j'en suis bien heureux.

« Ce que je trouve étrange est le fait que vous, les PDG, êtes toujours en train de vous comparer les uns aux autres. Vous avez tous terriblement peur de connaître l'échec. Vous aspirez tous à devenir des *leaders* d'envergure, mais vous ne dirigez pas, en réalité. Vous possédez des centaines de livres traitant du *leadership*, vous participez à des fins de semaine de formation et vous obtenez des tas de diplômes prestigieux. Comprenez-moi bien : tous ces trucs sont très bien, mais vous avez rendu la chose tellement compliquée. Tout ce qui touche le *leadership* est généralement très simple. C'est tout simple, Mike. Simplifiez les choses. Ne gaspillez pas de temps à vous casser la tête à ce sujet. Il vous suffit d'adopter quelques principes de vie, comme celui dont je vous ai parlé, il y a quelques semaines, et vous réglerez la plupart de vos problèmes de *leadership.* » Il fit une pause. Mike demeura assis là. « Alors, quel est le problème au juste ? » demanda Logan.

Mike se rapprocha : « Eh bien, je pense que je n'avais jamais considéré les choses selon cette perspective. Laissez-moi réfléchir une minute. J'ai beaucoup pensé à ce que vous avez dit, l'autre soir, chez vous, à propos du fait que l'on obtient le résultat auquel on s'attend. J'aime bien ce concept. J'ai essayé d'implanter cela à la MMC. Nous avons réuni quelques *leaders* et nous leur avons expliqué la démarche, l'attitude que nous souhaitons les voir adopter, le comportement auquel nous nous attendons de leur part. Ce genre de truc, quoi.

– Et alors ?

– Cela n'a pas donné les résultats escomptés.

– Je vois.

– Alors, que devrais-je faire ?

– Voici quel est votre problème, à mon avis. La chose risque de s'avérer un changement de longue haleine. Ces gens ont adopté une certaine attitude face à leur boulot il y a des décennies. C'est bien que vous désiriez changer ce climat, et ce changement s'opérera. Cela dit, sachez que j'ai dû mettre quelques années avant de réussir à transformer le programme des Cougars. Cela m'a aidé de remporter quelques victoires la première année. L'équipe n'avait pas gagné très souvent avant cela. Cependant, il m'a fallu y mettre du temps. C'est pourquoi vous avez raison de vouloir modifier les attentes. J'ai une question pour vous. Suivez-vous vous-même les consignes que vous avez données aux gens que vous dirigez ?

– Pardon ?

– Vous m'avez bien compris. Suivez-vous les consignes que vous donnez aux autres ? Faites-vous ce que vous demandez aux autres de faire ? C'est là ma deuxième règle de *leadership* : *vous obtenez ce que vous présentez à autrui.*

– Je ne suis pas sûr que ce soit si simple, *coach*.

– C'est généralement le problème avec les types à pantalons chic des grandes villes comme vous. »

Mike jeta un coup d'œil à ses pantalons et releva les yeux vers le *coach*. « Que voulez-vous insinuer au juste ?

– Mike, j'aime dire les choses franchement. C'est pourquoi je ne passerai pas par quatre chemins avec vous. Vous, les types instruits, pouvez faire preuve d'un tel manque d'intelligence, parfois. Ce n'est pas que l'université soit quelque chose de mauvais. Je m'efforce de persuader mes joueurs de poursuivre leurs études sur le plan universitaire. Je ne cesse de m'étonner du fait que nombre de personnes choisissent d'investir une centaine de milliers de dollars pour avoir un diplôme et elles n'ont pourtant aucune notion de la manière dont les choses fonctionnent dans la vie. Voici un fait incontestable : il ne vous sert à rien de demander quelque chose aux gens si vous ne faites pas cette chose déjà vous-même. Il est plutôt facile d'inventer des énoncés de mission, de présenter des tableaux avec des tas de données et des listes de comportements auxquels tout le monde est censé se soumettre d'emblée, mais ultimement, les gens vous regardent, vous, leur *leader*, pour comprendre ce qu'ils doivent faire. C'est pourquoi je vous demande de nouveau si vous faites au quotidien ce que vous exigez des autres. »

Mike se cala dans son siège. Les choses se bousculaient dans sa tête. « Eh bien, je pense que oui, dans l'ensemble.

– Cela n'est pas suffisant. Réfléchissez, Mike. Que demandez-vous à "vos gens" que vous ne faites pas vous-même ?

– Je ne sais pas. Je…

– Bien sûr que vous le savez. Écoutez, je n'ai rien d'un conseiller en relation d'aide. Je n'ai aucune envie de vous offrir une épaule sur laquelle pleurer. Vous êtes venu ici en quête d'une réponse et je suis bien disposé à vous la fournir. Cependant, je ne jouerai pas à faire semblant avec vous. Alors, répondez à la question. Montrez-vous honnête envers vous-même.

– Nous nous attendons à ce qu'ils soient à leur poste de travail à huit heures.

– Et alors…

– Ce n'est pas ce que je fais. Je rentre plus tard au boulot.

– Plus tard ?

– À neuf ou neuf heures et demie. En fait, j'ai entendu certains employés ronchonner à ce sujet.

– Quelles autres récriminations avez-vous entendues ?

– Le fait de partir plus tôt, une mauvaise attitude…

– Une mauvaise attitude ? Ils disent que vous avez une mauvaise attitude ?

– Ouais. Nous avons établi comme politique de démontrer une attitude positive en toute circonstance et j'imagine que je ne le fais pas.

– Ce genre de chose peut tout gâcher. Vous vous attendez à ce qu'ils demeurent positifs et qu'ils agissent en conséquence et vous ne le faites pas vous-même ? Pourquoi donc ?

– Écoutez, *coach*, je n'aime pas le fait de me retrouver ici à East Creek. Je me sentais très bien à Chicago, j'avais des tas de responsabilités. Je faisais beaucoup d'argent à bosser dans une des grandes villes du monde. Me voici maintenant dans un trou perdu du Texas, à travailler avec des gens qui ont choisi de ne jamais faire plus que la moyenne, et ce, depuis trente ans. » Mike fut étonné de la franchise avec laquelle il venait de dire cela.

« Pauvre Mike. Pauvre, pauvre de vous. Comme votre vie est dure ! » Mike regardait fixement le *coach* Logan. « Savez-vous ce qui assurera de nouveau votre réussite à Chicago ?

– Non, quoi ?

– Si vous avec du succès ici. Je devine que les grosses pointures de Chicago n'étaient pas très satisfaites de votre travail et c'est sans doute la raison pour laquelle vous vous trouvez ici, au Texas. Il n'y a rien que vous puissiez y faire, mon ami. Alors, vous pouvez rester assis là à vous plaindre de votre sort ou vous pouvez reprendre votre vie en main et devenir un véritable *leader.* Les vrais *leaders* se fixent des objectifs, puis ils dirigent en fonction de ces derniers. Impossible de diriger en théorie seulement. Dire aux autres ce qu'ils devraient faire et ne pas vous y conformer vous-même n'est pas exercer un véritable *leadership.*

« Pour ma part, j'aime bien me trouver ici, à East Creek. C'est un endroit formidable où vivre. Toutefois, je comprends que vous ne vous y plaisiez pas. Cela dit, vous faites face à de bien plus gros problèmes que celui de devoir habiter dans un "trou perdu", comme vous l'avez appelé. Si vous ne faites pas du bon boulot ici, votre prochain arrêt risque d'être la direction d'une usine dans le tiers-monde plutôt qu'un retour à Chicago. Le choix vous appartient. Et le plus gros problème de tous est que vous n'êtes pas un *leader* dans votre propre famille.

– Comment ? D'où tirez-vous cette conclusion au juste ?

– Billy m'a parlé de ce qui se passe entre vous et sa mère. Mike, j'ai de l'estime pour vous. Vous êtes un type bien. Vous êtes tout simplement perdu. Un point, c'est tout. Cependant, vous avez du potentiel. Apprenez certains de ces trucs afin de pouvoir aider l'usine MMC à passer à un niveau supérieur. Vous avez aussi besoin de regagner votre conjointe en vous comportant comme un *leader*. Cela me semble la seule manière possible pour vous de reprendre le chemin de Chicago un jour.

– Oui, mais il y a une grande différence entre diriger MMC et ce que je dois faire avec ma femme et ma famille… Ne trouvez-vous pas ?

– Bien sûr, les deux sont différents à bien des égards, mais voici quelque chose que nous, les types sans beaucoup d'instruction, avons compris : *les gens sont ce qu'ils sont, des gens*. Quel que soit leur âge ou l'endroit où ils sont nés, cela ne fait aucune différence. Si vous voulez qu'ils vous suivent, vous devez comprendre que *vous obtenez le résultat auquel vous vous attendez* et que *vous obtenez ce que vous présentez à autrui*. Les gens cherchent quelqu'un qui les mènera vers un endroit meilleur et qui ouvrira le chemin devant eux en leur montrant l'exemple. Cela demeure vrai autant dans la famille que dans une équipe sportive ou une grande entreprise. Des principes de *leadership* de base, voilà ce que c'est. »

Cela fait pas mal de choses auxquelles réfléchir, c'est certain, pensait Mike. Il trouvait déjà suffisamment exigeant de comprendre qu'il devait élever le niveau de ses attentes, mais cela lui paraissait encore plus difficile à intégrer à ses attentes dans sa propre vie afin de pouvoir se montrer un *leader* authentique. Cela devint alors son défi majeur : commencer à vivre lui-même ce à quoi il s'attendait des autres.

Tanya répondit après la troisième sonnerie du téléphone. « Allo ?

– Tanya, c'est Mike. De la porte d'à côté.

– Mike ! Quelle coïncidence, je pensais justement à vous. En réalité, j'étais assise en train de me faire les ongles, alors c'est plutôt à cela que je pensais, mais j'ai quand même eu une pensée à votre sujet, il y a une minute. En passant, mes ongles ne sont pas encore secs, alors s'il arrivait que l'appareil me glisse des mains, attendez que je le ramasse, d'accord ?

– Tanya ?

– Oui, je suis là.

– Je sais que vous êtes là. Arrêtez de parler une minute.

– Elle éclata de rire. » Ce n'était pas la première fois qu'elle entendait ce genre de remarque. « D'accord, mes excuses. Que puis-je faire pour vous au juste, Mike ?

– Écoutez, je viens de discuter de nouveau avec le *coach* Logan et j'aimerais bien avoir votre avis sur quelque chose… puisque vous êtes une femme.

– Vous avez parlé des femmes avec le *coach* Logan, dites-vous ?

– Non, j'ai plutôt parlé de *leadership* avec lui. Je m'efforce de changer les mentalités à la MMC. Le *coach* Logan semble savoir beaucoup de choses sur le *leadership* – c'est pourquoi j'ai cru bon en discuter avec lui.

– Alors, pourquoi me téléphonez-vous, pour parler des femmes ? Quelque chose m'a-t-il échappé ?

– Non, rien ne vous a échappé. Voici ce qui en est. L'entraîneur m'a plus ou moins fait comprendre que je devais mettre en pratique ce que je demande aux autres.

– Eh bien, cela me semble un bon conseil. Je "souscris d'emblée à l'idée". J'aime bien cette expression. Mon patron l'utilise tout le temps.

– Tanya, revenons à nos moutons.

– Pardon…

– Alors, voici le point sur lequel j'ai besoin de l'avis d'une femme. Je dois travailler plus fort pour regagner Kristy.

– Oh ! comme c'est romantique. Et vous voulez que je vous aide dans ce sens ? Je pourrais vraiment vous aider !

– Commençons d'abord par un avis. Je sais maintenant que je n'ai jamais été un très bon exemple pour Kristy et Billy. Je comprends pourquoi Kristy avait tant de peine à avoir du respect pour moi. Comment faire pour regagner ce respect ? Que devrais-je faire au juste ?

– Ah, je vois. Je crois que vous devriez opter pour l'approche directe et vous excuser.

– Cela ne risque-t-il pas de me faire passer pour un faible ?

– Non. Un homme qui assume ses responsabilités n'a rien de faible. C'est au contraire le trait d'une personne forte. C'est la manière de prendre la chose par le bon bout, il me semble. Dites-lui que vous regrettez et que vous savez ce qu'il faut faire désormais. Puis, commencez à le faire, tout simplement.

– Je ne suis pas certain que ce soit aussi simple.

– Quelle autre option avez-vous ?

– Vous avez raison. Bon, d'accord. Je lui téléphonerai.

– Vous êtes un type bien, Mike.

– Merci, Tanya. Je dois vous laisser.

– Au revoir, donc. »

Mike déposa l'appareil et passa un moment à le regarder. Il ne se rappelait pas avoir été aussi nerveux de converser avec Kristy, du moins, pas depuis le jour où ils s'étaient mariés. Pourtant, il savait qu'il n'avait pas le choix de lui téléphoner. Tanya avait raison.

Il devait faire tout en son pouvoir pour appuyer sur la touche *redémarrer*, et cela commençait avec le fait de reconnaître ce qui n'allait pas dans sa manière de se comporter.

Il composa le numéro et attendit. Kristy répondit. Après avoir échangé quelques minutes au sujet de Billy, Mike dit : « En fait, Kristy, je t'ai téléphoné pour te dire quelque chose.

– Qu'as-tu à me dire au juste ?

– Je veux te dire que je suis désolé.

– Désolé ? Pourquoi ? » Elle semblait étonnée des paroles qui venaient de sortir de la bouche de Mike. Il ne lui était pas arrivé très souvent de les entendre.

« Je suis en train de découvrir un tas de trucs, ici – à l'endroit où je m'y attendais le moins –, au sujet de certains domaines de ma vie où je ne faisais vraiment pas le poids.

– Ah bon ?

– Oui. Tu sais, je me suis lié d'amitié avec l'entraîneur de football de l'endroit.

– L'entraîneur de football ?

– Ouais, cela te semblera peut-être bizarre, mais il a remporté un grand nombre de championnats et nous avons beaucoup parlé de *leadership*. Il m'a mis au défi de réfléchir à ma performance en tant que *leader* au boulot et… euh… à la maison aussi. Une chose qu'il a soulignée est que l'on obtient d'autrui ce que l'on manifeste par son propre comportement. Cela m'a permis de découvrir que je n'ai pas été le meilleur modèle pour toi, comme pour Billy, et cela nous a causé des tas de problèmes, je pense. Ce fut aussi la raison de certains de mes problèmes au boulot. »

Il y eut une longue pause au bout du fil. Finalement, Mike poursuivit : « Alors, que dis-tu de cela ?

– J'étais en train de réfléchir. Je suis un peu étonnée de t'entendre parler ainsi. Tu n'étais pas du genre à être très… conscient de tes lacunes jusqu'ici.

– Je sais. Je le regrette, Kristy. J'aspire à devenir un bon *leader*. Je souhaite que les choses fonctionnent bien, côté travail, ici, de manière à ce que je puisse retourner à Chicago. Plus que tout, je souhaite que les choses se rétablissent entre nous deux afin que nous puissions tous les trois former une merveilleuse famille à nouveau. Je sais que cela dépend en grande partie de moi. Je ne me suis pas très bien acquitté de ma tâche jusqu'à présent, mais je tenais à te dire que je suis en train d'apprendre des trucs et que je suis sincèrement désolé pour ce qui est arrivé dans le passé. »

Kristy s'adoucit un peu. « Bon, d'accord. Je te pardonne… Je ne veux pas m'emballer trop vite, mais tu as l'air vraiment sincère. Cela me semble un bon début.

– Bien, merci.

– Tu sais, poursuivit Kristy, j'ai réfléchi aussi à différentes choses de mon côté. J'aimerais poursuivre ma réflexion encore un moment avant de t'en parler, un peu plus tard. J'ai des trucs à changer aussi de mon côté.

– Très bien, je suis touché par ce que tu dis… Oh ! une dernière chose, Kristy.

– Oui…

– Que dirais-tu de prendre l'avion et de venir passer une longue fin de semaine avec nous ? Tu pourrais assister à une partie de Billy, passer du temps avec nous ici…

– Laisse-moi y réfléchir. J'aimerais vraiment voir Billy. Il me manque énormément.

– Tu lui manques aussi, tu sais. Viens nous voir. Nous nous amuserons.

– Bon, d'accord. Je consulterai les horaires de vol et verrai quelle serait la meilleure fin de semaine. De ton côté, peux-tu vérifier le calendrier des parties de l'équipe ? Laisse-moi savoir quel serait le meilleur moment. »

Mike était très excité à l'idée. « D'accord, je le ferai. Je te donnerai l'information par courriel. »

Ils poursuivirent la conversation pendant quelques minutes encore. Puis, ils se mirent d'accord pour la reprendre quelques jours plus tard. Mike se dit que les choses s'étaient bien déroulées. Il se sentait plus enthousiaste qu'il ne l'avait été depuis des semaines. Après avoir raccroché, il appela Tanya pour lui faire part de la bonne nouvelle – du fait que Kristy avait réagi favorablement à son ouverture.

Chapitre douze

Quelques semaines après le début de la saison, East Creek se trouvait, comme prévu, à 4-0. L'équipe avait remporté ses quatre premières parties avec facilité contre des opposants qui ne faisaient franchement pas le poids. Les deux semaines à venir promettaient de s'avérer un défi plus grand. Mike décida de faire un saut au stade vers la fin de l'entraînement, lundi après-midi, pour observer les exercices et ramener Billy à la maison ensuite. La fin de l'entraînement du lundi était toujours la portion amusante de la semaine et plusieurs parents venaient y faire un tour.

L'entraîneur Logan prenait toujours les quinze dernières minutes de l'entraînement du lundi pour souligner les meilleures performances de la partie du vendredi précédent, et les joueurs, les autres entraîneurs et les parents appréciaient beaucoup ce moment. Tandis que tout le monde prenait place dans les estrades, le *coach* Logan sortit un bloc-notes de son sac et parcourut la liste des récompenses qu'il allait donner.

Il commença avec des autocollants à mettre sur les casques. Ces autocollants étaient en forme de ballon de football, d'étoile ou de crâne avec des os en croix obtenus pour des jeux formidables, des blocs défensifs importants et de superbes performances. Ensuite, le *coach* Logan poursuivit avec de petites plaques gravées au laser portant le nom d'un joueur. Puis, ce fut les récompenses les plus importantes, comme des ballons de football. Il y en avait trois en tout : meilleur joueur offensif de la partie, meilleur joueur défensif de la partie et joueur le plus inspirant. Certaines personnes s'étaient demandé pourquoi il n'y avait pas la catégorie de joueur le plus important de l'équipe, mais l'entraîneur préférait la formule du joueur le plus inspirant. Les jeunes adoraient obtenir cette mention. Parfois, celui qui avait été l'étoile de la partie la remportait. Parfois, il s'agissait plutôt d'un joueur qui n'avait même pas participé au jeu, mais qui avait fait montre d'un soutien et d'un encouragement hors du commun. Parfois, c'est même un garçon responsable de récupérer les ballons ou de distribuer l'eau qui la gagnait. Ces jeunes formaient une équipe soudée et le *coach* Logan s'assurait que chacun était récompensé pour un travail bien fait.

Lorsque la session fut terminée, Mike demanda au *coach* Logan s'il avait quelques minutes à lui consacrer.

« Bien sûr, Mike, que se passe-t-il ? »

Mike se tourna vers Billy : « J'échangerai quelques mots avec l'entraîneur pendant que tu enlèves ton attirail. On se retrouve à la voiture dans une vingtaine de minutes, d'accord ? » Billy se dirigea vers les douches du vestiaire au pas de course.

« Alors, qu'y a-t-il, Mike ?

– Oh, rien de majeur. Je voulais simplement vous parler de votre petit rituel du lundi après-midi.

– D'accord. Qu'avez-vous à me dire à ce sujet ?

– Je trouve que c'est une idée géniale. J'ai l'impression que certaines personnes pourraient conclure que cela dépasse la mesure, par contre. Je veux dire, récompenser les jeunes avec des prix de cette importance chaque semaine…

– Vous avez raison, Mike. En effet, certaines personnes sont de cet avis. Par contre, tout considéré, ce sont les mêmes personnes qui ne gagnent que peu de parties dans la saison, année après année. La qualité se révèle à l'usage.

– Je suis d'accord avec vous. J'aime bien cette idée. Il est évident que les jeunes l'adorent aussi. Voici ce que je me demandais personnellement : croyez-vous que cela pourrait fonctionner si je mettais en place quelque chose du genre à la MMC ? Je veux dire, croyez-vous que cela pourrait fonctionner aussi avec des adultes ?

– Bien sûr que si, Mike. C'est quelque chose qui fonctionne bien avec n'importe quel groupe d'individus. Comme je l'ai mentionné déjà, les êtres humains se ressemblent, et il y a certaines choses qui transcendent les différences entre les personnes, ce qui m'amène à vous partager une autre de mes règles de *leadership* : *vous obtenez ce que vous méritez.*

– Bon, d'accord, mais…

– Il n'y a pas de mais, Mike. Les gens sont ainsi : s'ils croient qu'ils obtiendront un bénéfice quelconque de quelque chose, ils feront cette chose-là. Vous pouvez chercher midi à quatorze heures pour trouver toutes sortes de manières différentes d'expliquer comment les gens fonctionnent, mais au bout du compte, la réponse est que les gens font ce pour quoi ils obtiendront une récompense en échange de leur effort.

– Ce que vous dites, alors, c'est que ces jeunes ne joueraient pas avec autant de sérieux et d'intensité si vous ne leur offriez pas les autocollants et les ballons chaque lundi après-midi ?

– Ce n'est pas ce que je dis, Mike, mais la vérité est la suivante : que la chose soit consciente ou non, ces jeunes travaillent plus fort parce que nous leur remettons ces récompenses. C'est dans la nature humaine d'aspirer à des récompenses et à la reconnaissance des pairs. Les gens ont un besoin profond de faire quelque chose qui compte vraiment. Cela commence dès le moment de l'apprentissage de la propreté durant la tendre enfance. Puis, c'est la même chose à l'école primaire. Dans quel but les enfants font-ils leurs devoirs ? Pour obtenir un autocollant en forme d'étoile. Les jeunes cherchent les récompenses et la reconnaissance d'autrui. Cela ne cesse pas tout à coup lorsque vous obtenez votre diplôme à la fin de vos études. Les adultes font semblant de ne pas y accorder d'importance et ils prétendent qu'ils n'ont besoin de rien. Cependant, ce n'est pas du tout le cas. Ainsi, la tâche qui vous revient en tant que *leader* est de découvrir quelle récompense serait véritablement en mesure de motiver vos gens.

– Comment faire pour découvrir cela au juste ? Leur chèque de paie ne suffit-il pas ? Je veux dire, je les paie pour qu'ils fassent leur boulot. Cela n'est-il pas suffisant ?

– Cela le serait assurément si nous vivions dans un monde parfait. Ce n'est pas le cas. Disons que vous avez une échelle de 1 à 100 et que 100 correspond à un travail exécuté à la perfection jour après jour. Dans un monde parfait, chaque employé viendrait au boulot tous les jours et offrirait une performance sans anicroche parce qu'il reçoit un salaire à la fin de la semaine. Ce n'est pas ainsi que les choses se passent. Bon sang, Mike, je serais prêt à parier que vous n'y parvenez pas vous-même, non ?

– Bien sûr que non.

– Eh bien, voilà. Alors, à quel pourcentage, en moyenne, auriez-vous tendance à estimer la qualité du travail fourni par vos employés ?

– Peut-être à 75 %. Ils sont pas mal bons.

– C'est plutôt moyen. Cela correspond à un C sur un bulletin de notes.

– J'imagine que vous avez probablement raison. Certains sont meilleurs que d'autres.

– Alors, d'accord. Voilà votre point de départ. Votre moyenne de 75 % signifie que vous travaillez à un certain niveau de performance et que vous gagnez une certaine somme d'argent pour MMC. Maintenant, ce que vous devez véritablement vous demander c'est ce qui se passerait si vous arriviez à faire grimper cette moyenne à 80 ou 85 %. Cela voudrait dire que chacun doit fournir 5 ou 10 % de plus d'effort ou de qualité chaque jour. En quoi cela changerait-il le climat à l'usine ? Puis, de combien cela permettrait-il d'augmenter la marge de profit de la société au bout de l'année à l'usine ? »

Mike demeura bouche bée durant un moment. Il réfléchissait aux possibilités soulevées par son interlocuteur. Que se passerait-il s'il parvenait à tirer 10 % de plus de ses gens ?

Le *coach* poursuivit sur sa lancée. « Mon sentiment est que cela vous procurerait davantage d'argent sur le plan personnel et vous permettrait de retourner à Chicago.

– D'accord, vous m'avez persuadé. Alors, que dois-je faire au juste, *coach* ? »

L'entraîneur se pencha pour ramasser un ballon de football. Il se mit à marcher en direction du vestiaire. « Mon cher Mike, je ne ferai pas tout à votre place. C'est à vous que revient la tâche de tirer cela au clair. Rassemblez les membres de votre équipe à l'usine et informez-les du fait que vous comptez mettre en place un système de récompenses – vous pouvez l'appeler comme vous voulez. Voyez ce que pensent ces personnes au sujet de la manière dont ce programme devrait fonctionner. Puis, poursuivez la réflexion au fur et à mesure en l'améliorant de manière à ce qu'il fonctionne de mieux en mieux. Assurez-vous de respecter vos engagements. Tout le monde sera un peu sceptique au début, puisque cela n'a jamais été fait à l'usine, mais si vous persévérez, vous réussirez. » Logan était maintenant à 3 ou 4 m de Mike. « Je regrette, Mike, je dois partir. Tenez-moi au courant de la suite. »

Lorsque Mike et Billy arrivèrent à la maison, Mike décida de tenter quelque chose. Durant le repas, il fit une proposition à Billy : « Dis donc, Billy. J'ai réfléchi à quelque chose.

– À quoi ?

– Voici ce que je te propose. Nous allons l'essayer durant une semaine. Tu sais à quel point je déteste te voir jouer à des jeux vidéo avant de faire tes devoirs. » C'était là un sujet de tension continuelle entre eux.

« Oui… » Billy ne savait pas trop dans quelle direction cela s'en allait.

« Pendant une semaine complète, si tu fais tes devoirs avant de jouer à des jeux vidéo – cela signifie football, puis souper, puis devoirs, puis jeux vidéos –, je te donnerai alors cinq dollars chaque jour où tu le fais. Qu'en penses-tu ?

– Tu te moques de moi, n'est-ce pas ?

– Non, pas du tout.

– Mec, je suis d'accord. J'obtiendrai facilement 35 dollars cette semaine !

– T'ai-je entendu m'appeler “mec” ?

– Excuse-moi, papa, mais ouais, j'accepte ta proposition. Puis-je commencer dès ce soir ? »

Mike avait la bouche fendue jusqu'aux oreilles. « Assurément, tu peux commencer dès ce soir. »

Billy avala ses quelques dernières bouchées du souper, se leva et déposa son assiette dans l'évier. Puis, il se dirigea rapidement vers sa chambre où cinq dollars gagnés facilement l'attendaient.

Vous obtenez ce que vous méritez, se dit Mike. Maintenant, je dois découvrir comment faire fonctionner le principe à la MMC.

Le lendemain matin, Mike convoqua ses cinq cadres supérieurs et, ensemble, ils ébauchèrent un plan permettant de mettre sur pied un programme de récompenses à la MMC. Mike communiqua avec les quartiers généraux et leur demanda leur accord pour ces déboursés supplémentaires en vue d'un programme pilote. Les dirigeants lui donnèrent, quelques jours plus tard, le feu vert. Mike et son équipe planifièrent donc une rencontre avec tous les employés de l'entreprise, tous quarts de travail confondus, ce qui n'était pas arrivé depuis belle lurette. Ils louèrent le gymnase du lycée pour y tenir leur réunion qui allait comprendre plus de mille deux cents personnes.

Mike avait comme but de rendre cette soirée la plus amusante possible. Il s'arrangea pour que de la pizza et des boissons sucrées soient servies, et il réserva les services d'un groupe country de musiciens locaux qui étaient avantageusement connus dans la région et capables de réchauffer une foule. Puis, vint le temps où Mike devait brosser les grandes lignes du nouveau programme de récompenses et de reconnaissance au sein de l'entreprise.

« Mesdames et messieurs, je vous remercie de vous être tous déplacés ce soir. J'espère que vous avez pu vous régaler de pizza ! » La foule manifesta son enthousiasme. « Maintenant, je devine que cela vous semblera nouveau, et j'imagine que c'est le cas, mais nous avons l'intention d'apporter certains changements à la MMC. Je pense que vous aimerez ce que nous allons vous proposer. J'ai été très heureux ici, ces derniers mois, en tant que directeur. Vous êtes une formidable équipe et votre avenir est des plus prometteurs.

« Je sais que cela peut être passablement difficile de voir arriver un “type de l’extérieur”, mais vous avez tous été si gentils et compréhensifs avec moi. J’ai vécu quelques moments pénibles au début, mais nous avons travaillé ensemble pour résoudre des problèmes et nous sommes maintenant en voie de devenir une entreprise meilleure et plus rentable.

« Alors, pourquoi sommes-nous réunis ici pour cette soirée spéciale ? Eh bien, en partie pour vous remercier pour ce que vous continuez de faire à la MMC, et en partie pour vous faire l’annonce d’un nouveau programme qui fait la fierté autant de l’équipe de *leadership* d’ici, à East Creek, que de celle du siège social, à Chicago. En fait, c’est ici, à East Creek, que sera mené le projet pilote d’un tout nouveau programme. Certains d’entre vous seront peut-être portés à dire : “Bon sang, encore des méthodes et des règles nouvelles à suivre.” Eh bien, j’ai de bonnes nouvelles pour vous. Ce n’est pas du tout le cas. En fait, ce nouveau programme vous concerne, vous, qui constituez la colonne vertébrale de notre entreprise.

« Je suis vraiment fier d’annoncer la mise sur pied du tout nouveau programme de récompenses et de reconnaissance à la MMC. Il repose sur l’idée que les gens ont un profond besoin d’être reconnus pour le travail qu’ils font, pour la valeur qu’ils ont et pour ce qu’ils apportent aux autres. Nous avons donc débloqué des fonds, au quartier général, dans le but de reconnaître l’importance de chacune des personnes œuvrant à la MMC, et ce, au-delà du chèque de paie ! Vous recevrez tous une brochure qui vous résumera les grandes lignes de ce programme, mais, malheureusement, malgré nos efforts, nous n’avons pas pu les faire imprimer à temps pour la rencontre de ce soir. Cela dit, laissez-moi vous en faire un survol rapide. Ensuite, un conférencier spécial viendra vous adresser la parole.

« Nous allons prévoir à notre budget des récompenses à tous les échelons pour toute bonne performance, tout effort supplémentaire, toute excellence dans le service à la clientèle et la sécurité au travail. Ces récompenses pourront être une foule d'éléments tels que des petits objets, des chèques-cadeaux et des cartes de cafés gratuits offertes à titre incitatif par vos superviseurs. Ces récompenses pourront être plus importantes, comme des articles de sport, du matériel de camping et des jeux vidéo. Finalement, elles pourront être exceptionnelles telles que des bonis de mille dollars et des billets d'avion. Aussi, nous avons l'intention ce créer le prix du meilleur employé de l'année. Ce dernier et sa famille auront droit à une croisière, toutes dépenses payées. » La foule applaudit à tout rompre. Les gens n'avaient jamais vécu une chose pareille à la MMC.

« Alors, si vous ne pensez pas que cela est suffisant, j'ai aussi invité un conférencier à qui j'ai confié la responsabilité de vous dire ce que je considère comme notre meilleure récompense de toutes. Elle sera offerte une fois l'an. Je suis devenu l'ami de cet homme au cours des derniers mois et j'ai eu l'occasion d'apprendre beaucoup de choses à son contact durant cette relative courte période de temps. Mesdames et messieurs, j'aimerais vous présenter quelqu'un que vous connaissez tous très bien, notre légende vivante, le *coach* Logan, des Cougars d'East Creek ! » Tous les employés de la MMC, qui avaient grandi à East Creek pour la plupart, et dont plusieurs avaient joué au football sous les ordres de Logan, se levèrent d'un bond et se mirent à entonner le chant de ralliement d'East Creek. On se serait cru au stade des Cougars, un vendredi soir, lors d'une partie.

Dès le moment où le *coach* Logan se présenta au micro, il enflamma la foule davantage. « Allez, tout le monde, j'aimerais vous entendre applaudir chaleureusement East Creek ! » La foule était en liesse. « Maintenant, je vous invite à exprimer votre enthousiasme à l'égard du plus important employeur de la ville depuis des décennies, MMC ! » La foule réagit à nouveau avec un tonnerre d'applaudissements. « Je ne peux résister à la tentation, parce que nous avons un tas d'anciens joueurs d'East Creek présents dans la salle, de vous demander d'applaudir tout aussi chaleureusement les Cougars d'East Creek ! » Même ceux qui n'avaient jamais fréquenté le lycée d'East Creek se joignirent à la ruée d'applaudissements.

« Je suis reconnaissant du privilège qui m'est accordé ce soir de vous adresser la parole. Mon exposé sera plutôt bref. J'ai eu l'occasion de faire connaissance avec Mike, ces derniers mois, et c'est un type bien. Plusieurs membres de ma parenté travaillent à la MMC, et l'entreprise a été un véritable pilier pour notre ville depuis des lunes. Nous apprécions tout ce qu'elle a fait pour nous. Ce soir, Mike m'a demandé de venir faire l'annonce de la récompense par excellence, celle qui sera offerte chaque année à un employé de la MMC.

« Comme vous le savez sans doute, je crois beaucoup à l'importance de l'inspiration personnelle. En fait, chaque semaine, au cours de la saison, j'attribue à quelqu'un notre récompense la plus importante, celle du joueur le plus inspirant. À partir de maintenant, MMC attribuera annuellement le prix de l'employé le plus inspirant. Cet honneur peut revenir à n'importe quel employé. Le prix n'est pas réservé aux types à complet-cravate qui occupent les bureaux à l'avant. Ce prix est d'abord relié à l'attitude. Il sera offert à l'employé qui a non seulement démontré une attitude positive et dynamique, mais qui a inspiré les autres employés à faire de même. Que ce soit au football ou dans le milieu de travail, nous avons besoin de gens qui nous poussent à exceller et à donner le meilleur de nous-mêmes. C'est ainsi que l'on produit des gagnants !

« Alors, quel est ce prix au juste ? Je vais laisser Mike vous le montrer. » Au même moment, pénétrant dans l'enceinte du gym par une grande porte, Mike Keller apparut dans une voiture flambant neuve, vitre baissée, en saluant la foule. Chaque employé était debout, criait et tapait des mains.

Mike stationna la voiture, en sortit et se dirigea de nouveau vers le podium pour s'adresser à ses employés. Il remercia le *coach* Logan et donna les détails entourant le prix. « Oui, c'est bien vrai, à partir de maintenant, nous allons offrir une voiture neuve à l'employé le plus inspirant. C'est un prix d'une valeur de vingt mille dollars. Nous vous tendrons les clés et vous pourrez la conduire à votre guise. Ce n'est pas une location et vous n'aurez pas à la remettre au bout d'un moment. Elle ira à la personne que nous estimons être l'employé qui nous a le plus inspirés dans l'année. Ce nouveau plan me remplit d'excitation et j'espère qu'il en sera de même pour vous ! » Une fois de plus, les applaudissements et les cris des employés exprimaient leur réelle appréciation.

Après avoir prononcé quelques mots encore, Mike conclut la rencontre. Le brouhaha dans la foule n'avait jamais été aussi intense. Mike sut alors que les gens avaient capté le message et que quelque chose de nouveau s'était produit.

Chapitre treize

Les deux mois qui suivirent filèrent à vive allure. MMC faisait l'expérience de certains changements positifs grâce à la mise en place par Mike des principes de *leadership* du *coach* Logan. Les employés commencèrent à réagir positivement avec le temps, dès le moment où ils cessèrent de percevoir Mike comme un étranger. Le rendement au travail avait commencé à s'améliorer et le programme de récompenses pour le travail bien fait était devenu le sujet de conversation de l'heure. Un tout nouveau climat de travail s'était installé et les perspectives d'avenir semblaient prometteuses.

Mike faisait également des progrès avec Kristy. En fin de compte, son coup de fil pour présenter des excuses à sa femme s'avéra un véritable tournant. Ils se parlaient maintenant au téléphone très souvent, sentant tous deux une chaude complicité qu'ils n'avaient pas connue depuis des années. Cela les rendait tous très heureux, surtout Billy.

Bien sûr, les Cougars d'East Creek avaient continué à dominer le classement au football collégial de tout l'État du Texas. Ils demeuraient invaincus à quatre jours de leur dernière partie de la saison régulière. L'entraînement, cette semaine-là, s'annonçait plutôt intense. L'équipe ne cessait de s'améliorer de semaine en semaine ; elle atteignait une parfaite cohésion au moment idéal.

Kristy prit un vol à destination d'East Creek pour assister à la partie. Elle arriva le jeudi pour une fin de semaine de trois jours avec Mike et Billy. Elle était un peu inquiète de la manière dont les choses tourneraient avec Mike, mais elle était très heureuse de voir Billy. Ils lui avaient préparé une place dans la chambre d'amis, et le plan était qu'ils prennent leurs repas et passent du temps ensemble pour travailler sur les relations familiales.

Bien sûr, le point culminant demeurait la partie de vendredi soir. Billy n'allait pas être sur le terrain au départ, mais il était prévu qu'il participe à des jeux clés sur des unités spéciales et il était demi de sûreté de relève pour l'unité de départ. Le stade des Cougars bourdonnait d'excitation, comme c'était toujours le cas les vendredis soir. Mike et Kristy étaient dans les gradins à la ligne des quarante verges – un endroit idéal pour voir la partie.

Kristy était complètement subjuguée. Si vous n'avez jamais assisté à une partie haute en couleur de football collégial au Texas, vous ne pouvez vous imaginer l'atmosphère qu'il peut y avoir là. Il faut le vivre une fois pour comprendre.

Heureusement pour Mike et Kristy, Billy fit une entrée remarquée sur le terrain. Il faisait partie de l'escouade de retour du botté d'envoi et une fois que le ballon fut dans les airs, Billy courut en zigzaguant vers l'équipe adverse, cherchant le bon angle pour se faufiler. À la ligne des 22 verges environ, le jeune homme de l'équipe adverse qui portait le ballon s'arrêta et fit une rapide volte-face pour s'élancer dans une autre direction. Malheureusement pour lui, au même moment, Billy était parvenu à éviter le dernier bloqueur et le porteur de ballon le rencontra sur son chemin en un fracas de casques et d'épaulettes. L'autre joueur fut projeté vers l'arrière avec force et le ballon s'envola dans les airs. La foule devint survoltée et ce fut la bousculade des joueurs pour récupérer l'objet perdu. Cependant, les Cougars ne réussirent pas à le recouvrer et l'escouade défensive se dirigea alors sur le terrain. Kristy était folle de joie grâce à son fils. Tandis qu'il se dirigeait vers le banc au pas de trot, ses coéquipiers le félicitèrent en lui donnant la tape de circonstance sur les épaulettes. Billy, pour sa part, jeta un coup d'œil vers les gradins pour vérifier si ses parents avaient bien vu le jeu. Il était clair qu'ils l'avaient vu, et le meilleur était encore à venir.

Au début du quatrième quart, Billy fut envoyé sur le terrain pour donner du repos au demi défensif. Lors du deuxième essai sur la ligne de jeu, le quart-arrière de l'équipe adverse fit quelques pas à reculons, se préparant à lancer le ballon ; il aperçut son premier receveur – puis chercha son deuxième receveur quand le premier fut couvert. Billy était mobile et le quart-arrière choisit de lancer le ballon à un joueur qui se trouvait devant lui. Comme il s'apprêtait à s'exécuter, il sentit davantage de pression venant de la ligne défensive, ce qui le força à reculer de quelques pas tandis qu'il effectuait son mouvement, enlevant ainsi un peu de force à son lancer. Cela donna tout juste assez de temps à Billy – il exécuta le jeu si parfaitement – pour se glisser devant le receveur et intercepter la passe. Et parce qu'il était sur le côté de défense faible, il n'y avait aucun obstacle devant lui jusqu'à la ligne des buts adverses. Le seul joueur de l'autre équipe en mesure de le plaquer à ce point-ci était le quart-arrière, mais le jeune homme se trouvait déjà sur son derrière, fermement retenu par deux très heureux défenseurs étendus sur lui de tout leur corps.

Quelques secondes plus tard, Billy pénétrait seul dans la zone des buts et les Cougars ajoutèrent six autres points à leur avance déjà déterminante. Dans le déroulement de la partie, ce toucher n'était pas le point culminant, mais c'était pour Billy à peu près la plus belle chose qui puisse arriver le soir où sa maman était venue le voir jouer.

Après la partie, Billy avait prévu sortir avec quelques amis, c'est pourquoi Mike et Kristy décidèrent de passer par le restaurant Chez Joey avant de retrouver Billy plus tard à la maison.

Kristy et Mike prirent place sur une banquette et commandèrent leur lait frappé préféré. Banane pour Kristy, chocolat pour Mike. « Bon sang, quelle partie enlevante ! dit Kristy.

– Je suis d'accord. Le football est tout un événement au Texas.

– Je n'arrive pas à croire aux dimensions du stade. Il est absolument gigantesque. Le terrain de football de mon lycée pouvait asseoir probablement pas plus de cinq cents personnes sur quelques modestes gradins le long du terrain. »

Mike se déplaça légèrement pour se rapprocher de Kristy. « Je suis si heureux que tu aies fait le voyage jusqu'ici cette fin de semaine, Kristy. Tu nous manques énormément, tu sais. »

Kristy regarda au loin, cherchant à éviter le contact visuel. Mike et Billy lui manquaient aussi, mais elle ne voulait pas qu'il le sache. Une distance grandissante entre eux dans leur mariage l'avait blessée et elle hésitait à se réengager avec Mike trop rapidement. Mike tendit la main pour couvrir la sienne. Elle se retourna pour le regarder, les yeux légèrement mouillés.

– Kristy, tu nous manques énormément.

– Vous me manquez beaucoup aussi.

– Puis-je te partager l'un de mes objectifs ?

– Bien sûr.

– Je veux regagner ta confiance, Kristy, parce que tu comptes plus que tout pour moi. Je sais que je n'ai pas vraiment été à la hauteur, que je n'ai pas été la personne que tu aurais aimé que je devienne, mais je désire vraiment changer. Je travaille là-dessus en ce moment. Crois-le ou non, le fait d'avoir été envoyé ici s'est avéré quelque chose de vraiment salutaire pour moi.

– Ah bon ?

– Ouais, cela m'a permis de faire la connaissance de l'entraîneur Logan, et il m'a enseigné un tas de trucs sur le *leadership*.

– Tu apprends des choses sur le *leadership* d'un entraîneur de football collégial ?

– De l'entraîneur de football collégial qui a remporté dix-sept championnats de l'État du Texas. Énorme différence.

– Qu'as-tu découvert au juste ?

– J'ai appris que les résultats que j'obtiens correspondent aux efforts que je déploie, d'habitude. Ils dépendent de ce à quoi je m'attends. Ils reflètent le modèle que je projette par mon propre comportement. J'obtiens des résultats en fonction des récompenses qui y sont attachées.

– Comment cela t'a-t-il aidé ?

– Eh bien, laisse-moi te donner deux exemples. Je sais que j'obtiendrai ce à quoi je m'attends avec toi. J'avais abandonné la partie. Je m'attendais tout simplement à ce que nous finissions par demander le divorce. Maintenant, je m'attends plutôt à ce que nous puissions revenir ensemble. En fait, cette perspective change tout. Désormais, je travaille en fonction de ce que je souhaite voir se produire.

– De quelle autre manière cela t'a-t-il aidé ?

– Au boulot, j'obtiens des résultats en fonction des récompenses qui y sont attachées. J'ai mis sur pied un nouveau programme de récompenses et de reconnaissance à tous les échelons de l'entreprise et les gens sont très enthousiastes devant cette perspective. Le climat de travail a beaucoup changé. Les nouvelles mesures n'ont pas été en place assez longtemps pour que je puisse l'affirmer avec certitude, mais je m'*attends* – voilà ce mot encore une fois – à ce que le programme produise de formidables résultats pour notre usine. »

La serveuse s'approcha de la table pour servir les laits frappés. « Puis-je vous apporter autre chose, les amis ? demanda-t-elle.

– Non, c'est bon, merci », répondit Mike.

Kristy reprit la conversation. « Eh bien, je trouve tout cela très bien. Je tiens à te dire que nous avons beaucoup de travail à faire, toi et moi, mais si tu es disposé à y mettre les efforts qu'il faut, je le suis aussi. J'ai l'impression que cet entraîneur de football te fait un bien énorme.

– Ouais, c'est certain. C'est un gars sensationnel. C'est étrange, tu sais. Au début, un mec comme moi arrive dans ce patelin, ses diplômes en poche, avec la suffisance du gars de la ville, PDG d'une grande société, regardant de haut un type comme le *coach* Logan. Ce fut là ma première leçon. J'ai compris que j'étais un petit prétentieux plein d'arrogance qui voulait faire la leçon à tout le monde. Qui l'eût cru ? »

Kristy et Mike passèrent l'heure suivante à échanger sur ce qui se passait à Chicago, sur le rendement de Billy à l'école et sur tout ce qui était arrivé dans leur famille respective, et ainsi de suite. Une fois les laits fouettés terminés, Kristy et Mike rentrèrent à la maison pour y retrouver Billy, bien que ce dernier ait mis encore une bonne heure avant de les rejoindre.

Chapitre quatorze

Mike décida de se rendre au boulot très tôt durant la dernière semaine avant le championnat afin d'être présent aux entraînements et d'offrir son aide. Quelques autres papas firent de même. Les Cougars avaient remporté toutes leurs parties des séries et il n'en restait qu'une seule, celle du championnat. L'entraînement du lundi se termina comme d'habitude, avec les récompenses offertes pour la dernière partie. Cependant, celui du mardi commença de manière différente. Le *coach* Logan réunit l'équipe pour adresser un mot à ses joueurs.

« Messieurs, je vous offre toutes mes félicitations. Vous avez accompli un exploit que 90 % des joueurs de votre âge ne réussiront jamais : vous avez atteint la finale du championnat de football de l'État. Vous n'avez connu aucune défaite. Cela dit, votre tâche n'est pas encore terminée. En fait, il vous reste encore beaucoup de chemin à parcourir. En ce qui me concerne, nous ne sommes qu'au camp de base. Au cours des quatre prochains jours, nous allons gravir la plus haute des montagnes à laquelle nous nous sommes attaqués jusqu'ici. Je mettrai votre résistance à l'épreuve plus que je ne l'ai jamais fait jusqu'ici. Vous pensiez que trois entraînements par jour étaient difficiles l'été dernier ? Ce n'était rien comparé à ce que je vous demanderai cette semaine.

« Au cours de la prochaine semaine, vous atteindrez des sommets. Vous deviendrez des *leaders*. Vous vous élèverez aux plus hauts échelons qu'il vous est possible d'atteindre en y mettant tous vos efforts. Vous savez déjà quelle est ma règle de *leadership*: *on obtient ce que l'on mérite grâce aux efforts que l'on déploie.* Vous avez travaillé très fort. Maintenant, travaillez encore plus fort. L'autre équipe est en pleine période d'entraînement à l'heure qu'il est. L'adversaire n'a qu'un seul objectif, celui de nous battre samedi prochain, en après-midi. Ces joueurs ne veulent pas simplement nous battre, ils veulent nous écrabouiller. Ils veulent nous conquérir. Ils veulent que nous connaissions l'humiliation de la défaite. Si c'est ce qu'ils veulent, nous devons le vouloir plus qu'eux. Tout commence et se termine par ce que l'on désire vraiment. Vous devez donc le désirer encore plus que tout ce que vous avez désiré jusqu'ici. Vous possédez les habiletés nécessaires. Vous connaissez les règles du jeu par cœur et vous savez comment vous devez vous comporter sur le terrain. Par contre, ce que vous découvrirez durant la prochaine semaine est à quel point vous désirez vaincre l'adversaire et à quel point vous êtes prêt à vous dépasser pour réussir.

« Toutefois, le désirer ne suffit pas. Ce qui permet aux gens qui connaissent le succès de se distinguer de ceux qui connaissent l'échec – ce qui fait la différence entre les hommes et les garçons, pour ainsi dire –, est leur volonté de travailler d'arrache-pied. La question que j'aimerais vous poser est donc la suivante : "Êtes-vous prêts à travailler suffisamment fort pour atteindre le succès ?" Tout au long des entraînements de cette semaine, je m'attends à ce que vous m'accordiez une concentration totale. Si une meneuse de claque s'avérait à passer devant vous, je tiens à ce que vous gardiez votre entière attention sur moi. Je vous demande de me consacrer 100 % de vos efforts et autant de discipline. Toute votre attention devrait être orientée vers la zone des buts, messieurs. Vous devez travailler plus fort que vos adversaires. Nous avons un plan. Nous avons une stratégie. Le temps est venu maintenant de les mettre en œuvre. L'équipe des entraîneurs a travaillé très fort durant la dernière fin de semaine pour tout préparer. Nous sommes prêts. La question est de savoir si vous êtes prêts, jeunes hommes, à vous attaquer au défi qui se trouve devant vous.

« Au bout du compte, ce sont ceux qui travaillent le plus fort qui remportent la victoire. Cette dernière n'est jamais assurée d'avance, mais c'est de cette manière que nous avons les meilleures chances de réussir. Dans 96 heures, vous serez ou bien l'équipe championne de la saison de football collégial de l'État du Texas, ou bien vous occuperez le deuxième rang. Les trois heures que dure la partie comptent, mais les jours qui nous séparent de ces trois heures comptent également. C'est pourquoi je vous demande de donner le meilleur de vous-même durant les entraînements, messieurs. Cela fera la différence entre les gagnants et les perdants. Alors, mettons-nous au travail. »

C'était là le signe que le discours était terminé et que le temps était venu de fournir les efforts nécessaires. Les jeunes hommes formèrent un cercle solidement attaché. Ils agitèrent leurs bras couverts de protecteurs au-dessus des épaules les uns des autres et ils prirent tous ensemble une position accroupie en se tenant par la taille. Une sorte de murmure incantatoire commença. Les joueurs se balançaient devant et derrière puis de gauche à droite. C'était absolument fascinant à regarder. En haut, en bas, en avant, en arrière, la clameur devenant de plus en plus forte. Elle atteignit bientôt son *crescendo* et les joueurs se mirent à crier : « Cougars ! Champions ! » en levant les bras au ciel. Puis, ils relâchèrent leur étreinte et se dirigèrent au pas de course vers le centre du terrain, où ils se mirent en frais de procéder à leurs exercices de gymnastique.

Mike observait avec intérêt tandis que l'équipe s'entraînait et se réchauffait. Il était rempli d'excitation. Il n'avait jamais vécu quelque chose de pareil lorsqu'il avait pratiqué différentes disciplines sportives. Le plus loin que les équipes dont il avait fait partie s'étaient rendues, c'était le premier tour des parties de qualification. Et Mike n'avait jamais connu rien de semblable à son travail. Il adorait le sentiment que lui procurait la réussite. Il faut admettre qu'il était en train de vivre l'expérience par procuration, à travers Billy. Tout de même, il trouvait cela des plus agréables.

Chapitre quinze

Nous étions à la mi-temps de la partie de championnat de football de l'État. Les Cougars se trouvaient réunis au fond d'un vestiaire du Texas Stadium habituellement réservé aux joueurs des équipes professionnelles qui fréquentaient ces lieux. La tension était palpable, sans l'ombre d'un doute. Après une première demie plutôt brutale, remplie de solides coups, de sang et de blessures, les Cougars, qui étaient nettement les favoris, tiraient de l'arrière 21-17. Le *coach* Logan n'était pas très heureux.

« Messieurs, ce n'était pas du tout le genre de première demie à laquelle je m'attendais. L'adversaire a réussi à nous frapper davantage, à courir davantage, à nous bloquer davantage, à nous bousculer davantage. Les joueurs de l'autre équipe nous ont dominés sur tous les plans. C'est là justement ce que nous nous sommes efforcés cette semaine de ne pas avoir à vivre. Vous avez travaillé d'arrache-pied durant les derniers jours. Je vous l'accorde. Cependant, durant la première demie, on aurait dit que vous étiez dans la lune. Vous participez à cette joute aujourd'hui en partie parce que vous avez énormément de talent. Cela dit, l'autre équipe est aussi bourrée de talent. En ce moment, sa volonté et son travail acharné permettent à son talent de lui assurer la victoire. » Le *coach* Logan prit ensuite un peu de temps pour discuter des hauts et des bas de leur performance jusqu'ici et de certaines améliorations à apporter.

Tout juste avant de retourner sur le terrain, le *coach* Logan leur dit: «Messieurs, c'est la dernière fois que je m'adresse à vous pour vous encourager. C'est la dernière mi-temps de la saison. Certains d'entre vous ne joueront plus au football après cette partie. Alors voilà ! Ce n'est pas possible pour moi de sauter sur le terrain et d'aller jouer à votre place. Vous devez dépasser en intensité les jeunes hommes qui se trouvent rassemblés devant vous à la ligne de mêlée. Vous devez les frapper plus fort, les bloquer davantage et courir plus vite qu'eux. Le résultat que vous obtiendrez dépendra de l'effort que vous y mettrez. Alors, rendez-vous là-bas au pas de course et prenez votre destinée en main. Vous devez choisir entre donner tout ce que vous avez pour gagner et vous retrouver complètement lessivés sur ce terrain.»

L'équipe se rassembla, lança son cri de ralliement puis se dirigea vers le terrain.

Chapitre seize

Nous étions le mercredi matin, quatre jours après que l'équipe des Cougars d'East Creek eut procuré au *coach* Logan son dix-huitième championnat de football de l'État du Texas par la marque de 38-21. La partie avait été plutôt serrée durant la première demie, mais dès le début de la deuxième, il devint évident que les règles de *leadership* du *coach* Logan avaient rapporté leurs dividendes.

Les joueurs revinrent sur le terrain à la deuxième demie. Ils savaient que le *coach* Logan avait des attentes très élevées à leur égard. Ils avaient également les mêmes attentes très élevées envers eux-mêmes.

Ils s'appuyèrent alors sur ce qu'ils avaient vu leur entraîneur mettre en pratique dans sa propre vie durant l'année. Le *coach* Logan et son équipe d'entraîneurs avaient démontré ce que cela voulait dire de se comporter en champions et voilà qu'ils étaient eux-mêmes des champions maintenant.

La récompense promise était palpable. Tout ce qu'ils avaient espéré était en train de se jouer au cours de cette deuxième demie et ils n'avaient pas envie de rater cette occasion. Chaque entraînement, chaque partie, chaque leçon apprise portait maintenant des fruits dans la perspective de devenir champions.

Ils ont obtenu ce pour quoi ils avaient travaillé. Durant l'année entière, ils avaient redoublé d'effort en commençant par les trois entraînements par jour sous le soleil brûlant d'août. La semaine avant le championnat avait été exactement comme le *coach* Logan l'avait promis : un dur labeur.

Mike se trouvait assis dans son bureau lorsque le téléphone sonna.

« Bonjour, Mike à l'appareil.

– Hé ! Mike, bonne nouvelle. » C'était le patron de Mike à Chicago.

« Ah bon ? Quelle est-elle ?

– Le bureau a obtenu les derniers chiffres et ils paraissent excellents. Je sors à peine d'une rencontre avec l'équipe de direction et tout le monde semble d'accord que si tu maintiens ce rythme encore six mois, nous allons te rapatrier à Chicago.

– Vraiment ? C'est fantastique !

– Il n'y a rien de certain, évidemment, mais c'est dans ce sens que les projets s'orientent. Il te suffit de maintenir le cap dans la bonne direction et tu vas bientôt te retrouver à Chicago.

– Ouah ! Ce serait vraiment formidable.

– Un dernier détail. Il te faut garder la chose confidentielle pour l'instant, mais nous souhaitons que Tyler te remplace au poste de directeur lorsque nous te ramènerons à Chicago. Alors, il serait bon que tu lui confies plus de responsabilités et que tu l'inclues davantage dans le processus des décisions. Nous aimerions que sa montée en grade ne cause pas de remous lorsque nous te ramènerons ici.

– Bien sûr. C'est ce que je ferai. Pas de problème. Merci beaucoup de m'avoir donné un coup de fil.

– Super, Mike. Tu as fait du bon boulot et tu t'es vraiment montré à la hauteur devant ce défi. Pour être honnête, je n'étais pas certain de la manière dont tu réagirais quand tu as été envoyé là-bas.

– En fait, j'ai appris beaucoup de choses à East Creek, à l'endroit où je m'y attendais le moins. Je te raconterai tout cela en détail lorsque je serai de retour.

– Marché conclu, Mike. » Ils raccrochèrent. Mike flotta littéralement sur un nuage durant tout le reste de la journée. Ce soir-là, il avait si hâte de parler à Kristy au téléphone.

Chapitre dix-sept

« Kristy, j'ai de bonnes nouvelles !

– Ah oui ? De quoi s'agit-il ?

– Je trouve cela formidable, de mon point de vue. Billy et moi allons probablement revenir à Chicago dans six mois. » Il ne savait pas comment sa femme réagirait. Ils s'entendaient beaucoup mieux maintenant et la distance qui les séparait semblait leur être bénéfique. Le vieil adage voulant que l'amour grandisse lorsqu'on est loin de ceux qu'on aime semblait se confirmer. Bien sûr, Mike avait consacré beaucoup d'énergie à rétablir la relation au cours de nombreuses conversations téléphoniques. Il s'était efforcé de suivre le conseil de Tanya à la lettre et d'écouter sa femme davantage.

Il poursuivit : « Tu sais, tu n'as pas besoin de prendre une décision maintenant, mais je souhaite vraiment que tu réfléchisses à quelque chose.

– Ah bon ? À quoi ?

– Serais-tu d'accord pour que Billy et moi revenions habiter avec toi ? Cela nous donnerait la chance de poursuivre le travail entrepris entre nous. Il me semble que nous avons fait certains progrès ces derniers mois, ne trouves-tu pas ?

– C'est vrai, je le reconnais. » Elle fit une pause de quelques secondes avant de répondre. « J'y réfléchirai. Cela me semble probablement une bonne idée. »

Mike fit un geste de victoire avec le poing, et Tanya – qui venait de faire son entrée par la porte arrière alors qu'il était au téléphone – mit ses deux mains sur sa bouche pour étouffer un petit cri d'enthousiasme. Mike et Kristy discutèrent durant quelques minutes encore avant de raccrocher, s'étant mis d'accord pour se parler plus tard, cette semaine-là, de la possibilité de reprendre la vie commune.

Tout de suite après que Mike eut raccroché, Tanya s'est exclamée : « Elle a dit oui, n'est-ce pas ? Je savais qu'elle dirait oui. Je suis une excellente *coach*, ne trouvez-vous pas ?

– Eh bien, il n'y a rien de certain encore. Elle n'a pas dit oui, mais elle a laissé la porte ouverte pour que nous considérions cette possibilité.

– Cela veut dire oui. Elle ne vous laissera pas revenir aussi facilement. Elle vous fera sûrement languir, mais vous réussirez à la regagner. Puis, nous avons encore six mois devant nous pour que l'affaire soit vraiment dans le sac.

– Bon sang, Tanya, Kristy n'a aucune idée à quel point vous êtes une bonne amie pour elle. J'espère que vous aurez la possibilité de faire sa connaissance un jour. C'est dommage que vous ayez été à l'extérieur la fin de semaine où elle nous a visités. En effet, vous avez été un bon *coach*. Vous m'avez aidé à comprendre plusieurs choses qui m'avaient échappé jusqu'ici.

– C'est certain. Le célèbre Dr Phil n'a qu'à bien se tenir ! »

Chapitre dix-huit

Le vendredi matin, Mike fit son entrée à l'usine. Une surprise l'attendait. En fait, c'était une petite fête en son honneur. Les gens à l'usine avaient adopté une attitude beaucoup plus cordiale avec lui depuis qu'il avait changé sa manière d'agir avec eux. C'est pourquoi, inspirés par le programme de récompenses et de reconnaissance, ils avaient décidé de lui manifester publiquement leur reconnaissance. Ils avaient préparé du café et des gâteaux, et des personnes du groupe se levèrent pour souligner certains points positifs touchant son *leadership* et sa personne. En entendant de tels commentaires, Mike eut les larmes aux yeux. Il n'avait jamais vécu quelque chose de semblable auparavant.

Une des employées, responsable d'une chaîne de montage, se leva pour dire quelques mots. Mike ne connaissait rien d'elle à l'exception de son nom, Michelle Yates : « Monsieur Keller, je tiens à vous dire à quel point je suis heureuse que vous soyez notre patron maintenant. Il y a eu un moment dans le passé où je trouvais difficile de venir faire mon quart de travail. Ce n'était pas agréable du tout et je me sentais vraiment coincée. Ma seule motivation était le salaire que je récoltais à la fin de la semaine. Cependant, vous avez rendu mon boulot amusant. Vous avez fait en sorte que je puisse gagner davantage d'argent et être récompensée pour les efforts supplémentaires fournis. Je suis une mère monoparentale et j'aime pouvoir ainsi gagner davantage. Je n'ai donc pas besoin d'avoir un autre boulot le soir et de laisser mes enfants seuls à la maison. MMC est un endroit formidable où travailler. Merci d'être un vrai *leader* et merci aussi d'avoir fait ces changements. »

Mike n'en croyait pas ses oreilles. Ces gens avaient de l'affection sincère pour lui. Et il en avait aussi pour eux.

Après la petite fête, tandis que tout le monde retournait à son travail, Tyler demanda à Mike s'il pouvait avoir une conversation privée avec lui. Une fois la porte fermée, Tyler dit : « Puis-je vous parler de quelque chose ?

– Bien sûr. Qu'y a-t-il ?

– Eh bien, il semble que je devrai déménager à Dallas.

– À Dallas ? Quelle en est la raison ?

– Mon beau-père m'a offert un poste dans l'entreprise familiale. Je doublerais ainsi mon salaire et, comme il vieillit, il souhaite voir un membre de la famille prendre la relève. Le frère de ma femme n'est pas du tout intéressé, c'est pourquoi il m'a offert le travail.

– Je vois... Votre décision est-elle prise ? Vous déménagez pour de vrai ?

– En effet, nous déménageons.

– Quand ?

– Dans quelques mois.

– Bon, d'accord. Vous nous manquerez beaucoup, c'est certain. Avez-vous informé les gens du siège social de vos intentions ?

– Non, pas encore. Je tenais à vous en faire part d'abord.

– D'accord. Il serait bien de leur donner un coup de fil pour les mettre au parfum. »

Mike se demandait en quoi cela allait nuire aux plans de la haute direction pour l'usine, lorsque le temps serait venu pour lui de revenir à Chicago. Cela dit, c'était le problème du siège social.

Le téléphone portable de Mike sonna et il pesa sur la touche mains libres. « Bonjour, Mike à l'appareil.

– Mike, c'est Logan.

– Hé, salut *coach*. Comment allez-vous ? Toujours sur un nuage depuis la victoire ?

– Non. Je suis déjà en train de planifier la saison prochaine. En général, je m'accorde une journée pour jouir de tout cela, puis je me remets au boulot le lendemain. C'est justement la raison de mon appel.

– Ah bon ? Que puis-je faire pour vous ?

– Pouvez-vous passer à mon bureau ?

– Bien sûr. Billy doit sortir avec ses copains ce soir et j'allais justement rentrer chez moi. Je me pointerai dans cinq minutes.

– Formidable. Je vous parlerai une fois rendu. »

« Alors, de quoi vouliez-vous me parler, *coach* ?

– Mike, j'irai droit au but. Deux de mes entraîneurs prennent leur retraite et j'aurai besoin d'un coup de main. Je serais heureux de compter sur votre aide comme entraîneur la saison prochaine.

– Vous voulez dire faire plus que regarder des vidéos ?

– Oui, monsieur. Je veux dire être un entraîneur en bonne et due forme. Je me disais que puisque vous êtes le patron de la MMC, vous pourriez vous arranger pour terminer plus tôt le soir durant la saison. Il vous suffirait de vous pointer plus tôt au boulot, de faire votre journée de travail et de venir nous servir d'entraîneur. C'est un engagement qui se révélera très exigeant, mais je tenais à vous inviter personnellement à le prendre. Qu'en dites-vous ?

– Eh bien, je me sens vraiment privilégié. Le fait que vous me demandiez de vous aider est formidable. J'adorerais le faire, mais…

– Mais quoi ?

– Euh… je ne suis pas certain que je serai toujours là la saison prochaine, *coach*.

– Comment cela, vous ne serez pas là ? Que voulez-vous dire au juste ? Vous ne retournerez pas à Chicago, n'est-ce pas ?

– En fait…

– Voyons, Mike, vous n'en êtes qu'à vos débuts, ici. MMC a besoin de vous et de votre *leadership*. Il est beaucoup trop tôt pour partir. De plus, les gens d'East Creek vous aiment bien maintenant.

– Que voulez-vous dire par maintenant ?

– Vous savez, Mike, la ville n'est pas grande. Les gens n'ont pas la langue dans leur poche ici. C'est loin d'être facile d'emménager à East Creek lorsque vous venez de l'extérieur. C'est difficile de se faire accepter. Les gens ne vous aimaient pas beaucoup lorsque vous êtes arrivé. Cela dit, après trois mois puis avec les changements que vous avez apportés et tout le tralala, ils se sont mis à vous apprécier davantage. De plus, Billy commence à se sentir chez lui et ses copains de l'équipe l'aiment beaucoup.

– Tout cela est formidable, mais vous savez quoi, je suis très attaché à Chicago. J'ai vraiment l'intention de retourner là-bas, de reprendre la vie commune avec ma femme.

– Puis-je vous partager mon avis ?

– Bien sûr, allez-y.

– Je pense que vous devriez rester ici encore une année.

– Et pourquoi donc ?

– Pour deux raisons. La première est que Billy en sera à sa dernière année au collège l'an prochain et que c'est néfaste pour un jeune comme lui de déménager trop souvent, surtout avant cette étape finale. Deuxièmement, les gens de la MMC auront le sentiment que vous les abandonnez. Ils se sont engagés envers vous et il y a de fortes chances qu'ils se sentent manipulés si vous partez maintenant.

– J'apprécie vos conseils, mais je ne sais pas…

– Vous voulez que je vous donne une autre raison ?

– D'accord. Allez-y.

– Je pense que vous devriez demander à votre femme d'emménager avec vous ici.

– Bon sang, *coach*. Là je crois que vous avez perdu la raison. Cela ne risque pas d'arriver de sitôt.

– Ah bon ? Pourtant, vous obtenez les résultats auxquels vous vous attendez… si vous vous rappelez.

– Eh bien, je m'attends à ce que Kristy me dise que j'ai perdu la boule si je lui fais une telle proposition.

– Je vous parie un bon steak qu'elle acceptera.

– *Coach*, sauf votre respect, vous avez perdu le nord. Elle ne le fera jamais. Kristy est trop attachée à sa grande ville.

– Cela dépend simplement du fait qu'elle n'a jamais vécu dans un patelin comme le nôtre.

– Je reconnais que la vie que je mène maintenant ici dépasse largement mes attentes, mais pour Kristy ? Cela n'arrivera jamais.

– Il n'y a pas de mal à demander.

– *Coach*, pourquoi insistez-vous de la sorte pour que je fasse cela ?

– Je vais vous dire pourquoi. Je suis un bon juge de personnes. Non, je suis un excellent juge de personnes. Je peux voir ce que vous vous efforcez d'accomplir, ce que vous essayez d'être, et tout cela ne vous rendra jamais heureux, Mike. Vous êtes un type fait pour un patelin, mais vous avez été élevé dans une grande ville. Vous ne saviez tout simplement pas que vous étiez un type fait pour un patelin. Maintenant, vous le savez. Cela sera bon pour vous, Billy, Kristy, pour toute votre famille ! Et vous pourrez cesser de jouer au Fantasy Football et vivre votre rêve au sein de la meilleure équipe collégiale de football de tout le Texas. »

Ce dernier argument toucha une corde sensible. Mike savait qu'il y avait beaucoup de vrai dans ce que le *coach* venait de dire. Il avait une bonne idée de ce qu'il voulait accomplir dans sa carrière, mais il n'avait jamais été très satisfait dans la poursuite de cet objectif. D'ailleurs, il n'avait jamais eu beaucoup de succès dans la quête de cet idéal non plus.

« Bon, c'est d'accord, *coach*. Comme j'ai beaucoup de respect pour vous, et je reconnais que vous êtes capable de juger de la valeur d'une personne au premier regard, je demanderai à ma femme. Surtout, je serai heureux d'avaler ce bon steak lorsqu'elle me dira un non catégorique.

– Marché conclu. Donnez-lui un coup de téléphone et faites-moi part de sa réponse. »

Mike se leva et se dirigea vers la porte. Comme il saisissait la poignée, le *coach* ajouta : « Ah oui... Je voulais vous dire, Mike... »

Mike se retourna : « Oui ?

– Mon préféré est Smokey's.

– Euh…

– Smokey's. Ce restaurant de grillades a un menu moins coûteux les mardis soir. Vous pourrez ainsi économiser quelques dollars sur le repas que vous devrez m'offrir. »

Mike éclata de rire et partit sans ajouter un mot.

Chapitre dix-neuf

Le lendemain soir, après que le *coach* lui eut recommandé de demander à Kristy de déménager à East Creek, Mike était sur le point de conclure sa conversation téléphonique avec sa femme lorsqu'il décida d'aborder la question. Il devait reconnaître que le climat s'était grandement amélioré entre eux et qu'ils s'entendaient comme jamais auparavant. La réconciliation était certainement ce à quoi il s'attendait. « Dis donc, Kristy ?

– Oui.

– Une dernière chose. Je sais que tu risques de croire que j'ai perdu la tête, mais j'aimerais te demander ton avis sur quelque chose.

– D'accord.

– Tu sais, j'aime bien vivre ici. Les gens sont formidables et tout fonctionne à merveille à la MMC. Puis, il me semble que nous sommes sur une bonne voie en ce moment, toi et moi.

– Et alors… ne passe pas par quatre chemins, je t'en prie.

– Je me demandais ce que tu penserais de l'idée de venir habiter ici, à East Creek, afin que nous puissions tout recommencer à zéro tous les trois. »

Silence.

« Kristy ?

– Je suis là. J'étais en train de réfléchir…

– À quoi pensais-tu au juste ? Tu te disais que j'ai perdu la boule, n'est-ce pas ?

– Non, pas du tout. Mon patron m'a fait venir à son bureau, l'autre jour, pour m'informer du fait qu'il allait me mettre à pied parce que ses affaires vont mal. Il m'a donné un mois d'avis ainsi qu'une indemnité de départ de deux mois.

– Vraiment ? Sapristi, je suis désolé d'apprendre cela.

– Puis, eh bien, j'ai vraiment aimé East Creek. Je n'ai jamais habité dans une petite ville auparavant. J'ai trouvé l'endroit charmant.

– Es-tu en train de dire que c'est une possibilité… Je veux dire, vraiment ?

– Ouais. Je suis prête à considérer la chose sérieusement. Après tout, la vie est si courte.

– Incroyable ! Vraiment ? Tu accepterais pour de vrai d'emménager ici ?

– Cela semble complètement fou, mais comme nous devons recommencer à zéro, autant le faire sur tous les plans.

– Tu es sérieuse ? Vraiment ? Ouah !

– Je terminerai mon mois de travail ici, je mettrai la maison en vente et je ferai mes valises.

– Incroyable. C'est absolument fantastique ! »

Ils décidèrent d'établir un plan d'action plus tard au cours de la semaine et de s'entendre alors sur la manière d'en informer Billy.

Mike s'empressa de téléphoner ensuite au *coach* Logan. Lorsque ce dernier répondit, Mike dit : « Alors, quelle cuisson, votre steak, déjà ? »

Le *coach* ne broncha pas : « À point.

– Eh bien, à vous de réserver une table. Elle a dit qu'elle acceptait de venir vivre ici.

– J'étais sûr qu'elle le ferait. C'est formidable, Mike, ou devrais-je plutôt vous appeler désormais *coach* Mike ?

– *Coach* Mike. J'aime bien.

– Heureux de vous avoir à bord, *coach* Mike. Vous pourrez m'aider à remporter le dix-neuvième.

– Dix-neuvième championnat, nous voici donc ! »

DEUXIÈME PARTIE

LES LEÇONS

Quatre règles fondamentales

L'un des concepts sur lesquels je m'appuie fortement est celui du caractère universel des principes d'un domaine à un autre dans la vie. Durant mes conférences au cours d'événements qui se tiennent partout aux États-Unis et dans le monde ainsi que dans les ouvrages que je publie, je mets toujours l'accent sur trois domaines primordiaux qui nous concernent tous. Lorsque nous considérons les principes qui mènent à la réussite en général, et plus particulièrement les règles du *leadership*, nous constatons qu'ils opèrent dans ces trois sphères à la fois. On ne peut pas faire une chose au travail et son contraire à la maison. Ces principes s'appliquent de la même manière partout :

- Au sein de l'entreprise où nous œuvrons.
- Au sein de la famille à laquelle nous appartenons.
- Au sein des différents groupes sociaux dans lesquels nous sommes impliqués.

Que vous ayez à mettre en pratique les règles du *leadership* au sein de votre entreprise, en tant que parent ou membre d'un organisme social ou communautaire quelconque, vous découvrirez qu'elles transcendent les différentes dimensions de la vie et qu'elles sont présentes sur tous les plans à la fois.

Comme le dirait le *coach* Logan, les gens sont les mêmes partout. Bien sûr, nous sommes tous différents, mais nous avons également des similarités qui caractérisent nos comportements.

Dans les pages qui suivent se trouvent certaines de mes pensées sur les règles du *leadership* et des suggestions pour leur mise en pratique dans vos propres contextes de *leadership*. Ce que je rappelle aux gens qui viennent m'écouter, c'est qu'il est peu probable que tous les différents points de ma présentation les concernent, et c'est normal. Ainsi, tous ces points ne vous sembleront pas nécessairement pertinents. Ils s'avèrent tous utiles, mais certains le seront plus que d'autres pour vous. En les lisant, votre cœur se mettra à battre et vous vous entendrez dire alors : « Voilà quelque chose que je me dois d'apprendre et de mettre en pratique. » Lorsqu'une telle pensée vous traversera l'esprit, ralentissez. Accordez-vous alors le temps d'assimiler ce que vous avez lu. Réfléchissez à la manière dont ce principe risque de vous aider à modifier votre approche de *leadership* et de vous permettre de passer au prochain niveau.

PREMIÈRE RÈGLE DU *LEADERSHIP*
Vous obtenez ce à quoi vous vous attendez

Obtenir ce à quoi vous vous attendez risque de vous paraître l'évidence même, mais les gens se comportent rarement comme s'ils adhéraient à ce principe. Cette règle comporte les différentes implications suivantes dans votre vie de tous les jours :

- Vous fixer vos propres attentes et agir en conséquence.
- Fixer vos attentes et en informer les autres afin qu'ils puissent s'y conformer.
- Vous rappeler que de telles attentes aident chacun à se sentir pleinement responsable de sa propre vie.
- Vous montrer direct et honnête.
- Fixer des attentes qui permettront aux gens d'atteindre la grandeur à laquelle ils aspirent.
- Fixer des attentes suffisamment élevées, pour motiver chacun, et suffisamment simples pour être réalisables.
- Prendre en compte les forces et les faiblesses de votre équipe.
- Devenir un visionnaire qui communique sa vision aux autres.

SUIVRE LA RÈGLE

Fixez-vous vos propres attentes et agissez en conséquence. En tant que *leader*, vous devez être au clair quant à vos attentes.

Les connaissez-vous ? Avez-vous pris le temps de les discerner ? Sinon, l'occasion vous est maintenant offerte de le faire. Avez-vous des attentes à votre propre sujet ? Avez-vous tendance à vivre en fonction de ces attentes ? Si ce n'est pas le cas, cela constitue alors votre première responsabilité. Une fois la chose faite, cela vous aidera à mieux diriger les autres.

Fixez vos attentes et informez-en les autres de manière à ce qu'ils puissent s'y conformer. Voici l'une de mes histoires préférées touchant l'importance pour un *leader* de se fixer des attentes et de persévérer dans ce sens ensuite, même lorsqu'il s'agit de l'un des meilleurs joueurs de basketball de tous les temps. L'histoire est celle de John Wooden (*coach* légendaire de l'université de Californie à Los Angeles) et du joueur Bill Walton. Ce dernier désirait porter la barbe, même si le règlement de l'équipe l'interdisait. Selon ce que l'on raconte, Walton se présenta à l'entraînement avec une barbe, ce qui était clairement une violation des attentes établies à l'égard de l'équipe. Lorsque Wooden affronta Walton à ce sujet, ce dernier répondit que c'était son droit. Wooden répliqua alors : « Bill, j'ai du respect pour les gens qui se tiennent debout pour défendre leurs convictions, et tu vas beaucoup manquer à l'équipe. » Il alla ensuite poursuivre l'entraînement des autres joueurs. Devinez qui s'est rendu au vestiaire pour se raser.

Lorsque nous fixons des attentes, il y aura toujours des gens qui auront tendance à remettre les choses en question pour voir s'ils peuvent vivre selon leurs propres règles. Cela s'avère particulièrement difficile lorsque c'est un joueur étoile qui le fait. Cela dit, ne renoncez pas à vos principes. Le reste de l'équipe vous observe, vous, leur *leader*. Si vous demeurez ferme quant à vos convictions, ils vous respecteront, y compris la personne qui remet les choses en question, fort probablement.

Rappelez-vous que les attentes permettent que chacun se sente pleinement responsable de sa vie. Les *leaders* qui connaissent la réussite aident les gens qui les suivent à se sentir responsables de leur propre vie. Cela peut s'opérer de plusieurs manières. Premièrement, bien que ce soit la prérogative du *leader* de fixer les attentes, il s'avérera toujours judicieux de tenir compte des suggestions des membres de l'équipe et d'incorporer leurs idées dans les attentes fixées pour le groupe. Cela favorisera l'adhésion de chacun et tous se sentiront d'emblée motivés à suivre la direction que vous souhaitez prendre. Cela motivera également chacun à veiller à ce que les objectifs soient atteints, ce qui engendrera une culture dans laquelle chacun s'attendra à ce que tous y adhèrent. Une fois que vous aurez précisé vos attentes, tenez des rencontres individuelles et en groupe avec les gens clés afin de les accompagner dans le processus d'appropriation de ces attentes au sein du groupe. Alors, vous n'aurez pas à dicter la loi, car tous les membres de l'équipe seront impliqués dans le processus et cela engendrera un sens des responsabilités à chacun des échelons par rapport aux objectifs fixés.

Montrez-vous direct et honnête. La seule chose qui soit pire qu'un *leader* qui n'a aucune attente est un *leader* qui a des attentes qui ne sont pas claires et directes ou un *leader* qui ne se montre pas honnête à leur sujet. Je connais déjà toutes les raisons pour lesquelles beaucoup de *leaders* luttent avec cela, mais elles ne sont pas justifiées. Le *leadership* exige le courage et l'honnêteté de regarder les gens dans les yeux et de leur dire clairement ce qui en est. Si vous n'avez pas rendu vos attentes suffisamment claires, vous ne pouvez vous attendre à ce que les gens les suivent. Vous vous devez absolument de clarifier les choses, car cela leur sera profitable autant qu'à vous.

Fixez des attentes qui permettront aux gens d'atteindre la grandeur à laquelle ils aspirent. Les attentes qui n'exigent pas un réel effort sont à la portée de tout le monde. Il y a une bonne raison pour laquelle la plupart des gens se contentent de la médiocrité. Les adeptes du *statu quo* ont en général des attentes peu élevées à leur propre égard et à celui d'autrui. Les entreprises qui se démarquent sont celles où les attentes fixées sont très élevées. Je sais que nombre de *leaders* s'inquiètent du fait que s'ils mettent la barre trop haut, cela risque de faire en sorte que les gens ne les suivent pas. L'inverse est également vrai. Les gens aspirent à atteindre la grandeur. Ils souhaitent qu'on les mette au défi. Ils désirent vivre pour quelque chose qui est plus grand qu'eux-mêmes. La médiocrité entraîne une mort lente. Les *leaders* qui mettent les autres au défi d'atteindre la grandeur obtiennent en général l'un ou l'autre des deux résultats suivants, qui sont dans la normalité des choses. Certaines personnes ne veulent absolument pas croître et elles s'en iront – ou se traîneront les pieds jusqu'à ce qu'elles soient forcées de le faire. C'est une bonne chose parce que vous ne tenez pas à les avoir dans votre équipe de toute manière. Elles risquent de saboter la poursuite de la vision. D'autres aspirent à grandir et à se développer. Elles désirent prendre part à quelque chose de grand. Aspirez à atteindre la grandeur et un grand nombre de gens vous suivront. Des attentes élevées auront pour résultat que les gens seront désireux de vous suivre.

Fixez des attentes suffisamment élevées, pour motiver chacun, et suffisamment simples pour être réalisables. Cela soulève une question : quelle devrait être la hauteur de vos attentes ? Il y a un danger aux deux extrêmes du spectre. D'un côté, vous pouvez fixer des attentes si petites que les gens risquent de les combler plus ou moins par accident. Ils n'auront alors pas vraiment le désir de les suivre parce qu'elles ne les inspirent pas. De l'autre côté, vous pouvez fixer des attentes si élevées qu'elles seront impossibles à combler, ce qui aura pour résultat de décourager les gens, à la suite de leur incapacité de les remplir. Alors, voilà quelle est la clé : fixez des attentes suffisamment élevées, pour motiver chacun, et suffisamment simples pour que les gens puissent y répondre. Cela exigera un certain travail de votre part, puisque vous êtes le *leader*, mais l'effort de réflexion en vaudra certainement la peine. Vous aurez le loisir de faire quelques ajustements en cours de route. Vous pourrez lever ou abaisser la barre dans le but de trouver la bonne mesure qui vous permettra d'obtenir le meilleur des gens sous votre gouverne.

Prenez en compte les forces et les faiblesses de votre équipe. Un *leader* doit se montrer réaliste lorsqu'il détermine ses attentes par rapport à autrui. Cela ne signifie pas que le *leader* est pessimiste. Il y a un préjugé très répandu qui veut que l'optimisme et le réalisme soient mutuellement incompatibles. Ce n'est pas le cas. Nous devons nous montrer optimistes quant à la destination que nous rêvons d'atteindre, mais également réalistes par rapport à l'endroit où nous nous trouvons dans le présent. L'une des tâches d'un *leader* est de savoir faire une évaluation honnête et judicieuse des forces et des faiblesses de ceux qui le suivent. Nos attentes devraient ainsi refléter les forces des gens que nous dirigeons afin qu'ils puissent y répondre et atteindre les défis qui leur ont été proposés. Cela n'implique pas qu'il faille rabaisser nos attentes au minimum acceptable, mais plutôt bien les cibler de manière à ce que les forces des gens leur permettent de croître, de se développer et de répondre éventuellement aux attentes.

Soyez un visionnaire qui communique sa vision aux autres. Les gens font très souvent appel au mot *vision* lorsqu'il est question de *leadership*, et il y a une bonne raison pour cela. Un *leader* doit se montrer capable de se forger une vision et de la communiquer aux autres. Cela implique deux domaines sur lesquels mettre l'accent : le caractère et les habiletés, autrement dit, ce que vous êtes et ce que vous faites. Devenir un *leader* influent en ce qui concerne la vision comporte deux dimensions. Premièrement, vous devez être un visionnaire. Entretenez-vous de grands rêves ? Réfléchissez-vous en fonction de réussites hors du commun ? Avez-vous des attentes élevées ? Si oui, elles viennent du plus profond de votre être. Deuxièmement, vous devrez être capable de communiquer cette vision à d'autres. Il vous faudra ainsi acquérir et maîtriser les habiletés nécessaires pour articuler cette vision que vous vous êtes forgée. À quoi bon avoir une vision dans son cœur si le *leader* n'est pas capable de la transmettre aux gens qui le suivent ? Cela ne leur sera d'aucune utilité.

C'est pourquoi vous devez vous forger une vision. Voyez grand. Puis, fixez vos attentes en fonction de la poursuite et de l'atteinte de cette vision – pour vous d'abord, puis pour autrui. Apprenez à communiquer cette vision et ces attentes aux autres. Développez vos talents de communicateur de manière à pouvoir transmettre efficacement votre message aux autres afin qu'ils le comprennent bien et qu'ils y trouvent inspiration.

MES CITATIONS PRÉFÉRÉES AU SUJET DES ATTENTES

« Tout ce que nous attendons avec une entière confiance deviendra notre propre prophétie qui se réalise d'elle-même. »
— Brian Tracy

La chose étonnante au sujet des attentes est leur tendance à se réaliser d'elles-mêmes. Je concède que cela n'est pas garanti à

100 %, mais j'ai souvent eu l'occasion de constater que si vous vous attendez à perdre, vous perdrez, et si vous vous attendez à gagner, vous gagnerez. Je ne comprends pas vraiment comment cela fonctionne, mais d'après mon analyse, les attentes qui sont logées dans votre esprit opèrent sur le plan de votre inconscient pour se transformer éventuellement en réalité. Si vous vous attendez à gagner, votre attitude et vos actions refléteront alors cette attente et vous rapprocheront de la possibilité de gagner.

« Ne vous contentez pas d'un coup retenu. Optez plutôt pour le coup de circuit. Élevez-vous au rang des immortels. »
— David Ogilvy

J'adore ce commentaire du chef de file en *marketing*, David Ogilvy. Comme un tas d'autres personnes ayant connu la réussite, ce dernier a compris que si vous voulez gagner gros, vous devez viser haut. Des attentes modestes produisent des résultats modestes, tandis que les attentes élevées produisent des résultats hors du commun. Si vous dites aux membres de votre équipe que vous vous attendez à ce qu'ils se classent bons derniers, ils vous donneront, au bout du compte, sans doute raison. Cependant, si vous leur dites, au contraire, que vous vous attendez à ce qu'ils soient champions, ils veilleront alors certainement à le devenir !

« Traitez un homme en fonction de ce qu'il est et il demeurera ainsi. Traitez-le en fonction de ce qu'il peut devenir et de ce qu'il devrait être, et il deviendra alors ce qu'il peut être de meilleur et ce qu'il devrait être. »
— Johann Wolfgang von Goethe

Il y a beaucoup de vrai dans l'idée que les gens auront tendance à s'élever sur le plan des attentes que vous entretenez à leur égard. J'ai eu l'immense privilège, dans les quelques années qui ont suivi ma formation universitaire, de jouir de l'amitié et de la confiance de gens qui avaient atteint une réussite hors du commun. Cette expérience a transformé ma vie. Le fait que de telles personnes de haut calibre me traitent non pas comme l'individu que j'étais, mais comme celui que je pouvais devenir, m'a permis d'acquérir la confiance nécessaire pour devenir la personne que ces gens de haut niveau voyaient en moi. Lorsque nous communiquons nos attentes aux gens en tant que *leaders*, cela signifie que nous croyons qu'ils peuvent devenir quelque chose de plus grand. Nous estimons qu'ils peuvent offrir une performance meilleure et vivre à un niveau plus élevé. C'est là un des privilèges associés au *leadership* : il nous est possible de croire en certains individus avant même que ces derniers croient en eux-mêmes.

« Offrez aujourd'hui un rendement meilleur que ce qui est attendu de vous et agissez ainsi tous les jours. La victoire de la réussite sera à moitié remportée déjà lorsque vous aurez appris le secret de fournir davantage d'effort que ce qui est attendu dans tout ce que vous faites. »
— Og Mandino

La seule chose qui soit meilleure que de répondre aux attentes est de les *dépasser* ! Mandino, qui est l'un des auteurs à succès les plus connus de tous les temps, nous rappelle ici que le secret de la réussite réside dans le fait de contribuer plus que ce qui est attendu en général. Cela s'avère exact pour nous comme pour les gens qui nous suivent. Si l'on s'attend à ce que vous vendiez mille unités, vous devriez en vendre deux mille. Si l'on s'attend à ce que vous offriez une bonne présentation, offrez alors une présentation exceptionnelle ! Si l'on s'attend à ce que vous consacriez une heure à une tâche, consacrez-y deux heures. Dépasser les attentes constitue assurément la voie rapide vers le succès.

« Nous devons apprendre à nous réveiller et à nous garder nous-mêmes en éveil, non par des moyens mécaniques, mais par une attente infinie de l'aurore. »
— Henry David Thoreau

J'adore cette expression, « attente infinie de l'aurore » ! D'habitude, à quel moment l'aurore vient-elle ? Après la nuit ! Lorsque tout semble noir, nous pouvons sombrer dans le pessimisme et nourrir le sentiment que les temps difficiles perdureront. Ce serait une erreur. Nous savons, au contraire – et nous comptons là-dessus –, que les ténèbres ne durent pas éternellement et que l'aurore poindra bientôt à l'horizon. Cette attente positive et optimiste envers nous-mêmes et autrui est ce qui risque de réanimer notre vision de ce que nous pouvons faire et devenir !

« Si nous accomplissions tout ce dont nous sommes capables, nous serions absolument estomaqués du résultat. »
— Thomas Edison

La plupart des gens s'attendent à ce que leur vie ne dépasse pas la moyenne. Edison avait compris, pour sa part, que le potentiel humain est virtuellement illimité. Je crois qu'Edison serait lui-même renversé de constater les progrès considérables qui ont été réalisés depuis ses inventions. Il avait reconnu que nous sommes capables d'accomplissements bien au-delà de notre performance actuelle. L'endroit où nous nous trouvons ne constitue, en quelque sorte, que la rampe de lancement vers l'avenir qui nous attend, à la fois en tant qu'individu et société. Nous devons attendre simplement davantage de nous-mêmes. Même si je n'étais pas encore au monde à ce moment, l'un des grands événements de l'histoire humaine fut lorsque le président Kennedy déclara que nous allions envoyer un homme sur la Lune. Un homme allait marcher sur la Lune ! Allez donc ! Pourtant, nous avons été capables d'un tel exploit. C'est ce que nous avons réussi à faire. Nous avions fixé cette attente et elle s'est concrétisée.

QUESTIONS POUR LA RÉFLEXION

- Avez-vous pris le temps de déterminer les attentes que vous souhaitez vous fixer, autant sur le plan professionnel que familial ?
- Avez-vous communiqué ces attentes clairement aux gens de votre entourage ?
- De quelle manière rendez-vous redevables ceux qui vous suivent, par rapport aux attentes que vous avez à leur égard ?

DEUXIÈME RÈGLE DU *LEADERSHIP*
Vous obtenez ce que vous présentez à autrui

Il est bien d'avoir des attentes, mais il ne sert absolument à rien de réfléchir à ce que vous attendez d'autrui si vous n'avez pas visiblement les mêmes attentes à votre propre égard d'abord. Les gens auront besoin de voir en vous un modèle, c'est pourquoi vous serez tenu de suivre les quelques principes suivants :

- Vivre vous-même ce que vous demandez aux autres.
- Vous fixer des normes d'excellence.
- Vous rappeler que vous ne pouvez conduire les gens au-delà du niveau où vous vous trouvez vous-même.
- Contribuer à l'apprentissage de ceux qui vous prennent comme modèle.

SUIVRE LA RÈGLE

Vivez vous-même ce que vous demandez aux autres. Le fait d'être perçus comme des hypocrites s'est avéré néfaste pour nombre de *leaders*. En fait, c'est justement ce qui a causé la perte de plusieurs grands *leaders*. Les gens qui disent une chose et qui font autre chose, ou qui ont une série d'attentes à l'égard des gens qu'ils dirigent auxquelles ils ne se conforment pas eux-mêmes, ne sont pas tenus en très haute estime d'habitude. Les *leaders* qui souhaitent gagner la confiance des gens qu'ils dirigent et la conserver sont tenus de pratiquer ce qu'ils prêchent. Cependant, voici où le bât blesse : personne n'est parfait. Nous avons tous échoué à un moment ou à un autre. Nous avons tous dit et fait des choses que nous regrettons. Tous les *leaders* commettent des erreurs, même les plus grands. Alors, où trouver l'équilibre ? Nous devrions tous nous fixer des attentes élevées, pour nous-mêmes comme pour les autres. Nous devrions tous aspirer à vivre d'une manière qui est conforme à ces attentes, du mieux que nous le pouvons. Pourtant, nous ne le faisons pas toujours. Comment composer avec une telle réalité ? Il nous faut faire tout ce que nous pouvons pour suivre nos propres conseils. Et lorsque nous échouons, nous devons l'admettre, tout simplement. Les gens savent que leurs *leaders* sont humains et qu'ils commettent des erreurs. Ils peuvent plus facilement composer avec ce fait lorsque les *leaders* reconnaissent les choses telles qu'elles sont. Cependant, si un *leader* estime qu'il n'est pas tenu de vivre selon les règles qu'il impose aux autres, c'est ce qui convainc les gens qui le suivent habituellement d'abandonner le navire. Rappelez-vous que ce que vous présentez à autrui est ce que les autres voient et voudront suivre.

Fixez-vous pour vous-même des normes d'excellence. L'excellence est quelque chose de captivant. Les gens sont attirés par les personnes qui incarnent l'excellence. On n'a qu'à se souvenir de l'émission de télé *La vie des gens riches et célèbres.* Pour quelle raison tant de gens avaient-ils les yeux rivés sur le petit écran chaque semaine, à cette heure d'antenne ? Parce qu'ils étaient attirés par ce que la vie peut offrir de meilleur. Ils aiment les beaux vêtements, les voitures de luxe, les bateaux de plaisance et les palaces. Ils aspirent à améliorer leurs conditions de vie et ils sont attirés par les individus qui ont atteint une réussite hors du commun. Ainsi, lorsque vous devenez un *leader*, votre première tâche est de fixer pour vous-même des normes d'excellence – et vous y conformer au quotidien – de manière à ce que les gens puissent observer votre vie et votre travail et se dire : « Voilà ce à quoi j'aspire vraiment. » Ce désir de vous imiter ne peut faire autrement qu'aider votre entreprise à atteindre ses objectifs. Que faites-vous lorsque vous désirez croître dans un domaine de votre vie en particulier ? Vous vous mettez alors à la recherche de quelqu'un qui a atteint l'excellence dans ce domaine et vous vous demandez quoi faire pour atteindre le même niveau de réussite. C'est ainsi que vous devez agir en tant que *leader*, soit vivre d'une manière qui suscite le désir chez les autres de faire de même. Alors, ils auront envie de vous suivre.

Rappelez-vous que vous ne pouvez conduire les gens au-delà du niveau où vous vous trouvez vous-même. La tâche première du *leader* est de se trouver en tête de ligne. Le *leader* se doit d'avoir une longueur d'avance sur le groupe afin d'indiquer à chacun le chemin à suivre. Selon John Maxwell, l'un des auteurs les plus prisés dans le domaine du *leadership*, si vous êtes un sept, par exemple, vous ne pouvez amener les autres à être plus que des sept. Vous ne serez pas en mesure d'en faire des huit. Ainsi, votre boulot consiste à vous transformer en huit, en neuf et en dix afin d'élever les normes pour les autres et de les aider à se hisser au niveau que vous avez vous-même atteint.

Contribuez à l'apprentissage de ceux qui vous prennent comme modèle. Vous êtes sans doute familier avec les termes *moments propices à l'apprentissage.* En tant que *leaders*, nous proposons aux autres notre vision pour eux et nous les invitons à nous accompagner, à nous suivre. Ce n'est pas là quelque chose que l'on fait une fois pour toutes. Le long du chemin, il se présentera de nombreuses occasions nous permettant d'enseigner aux gens comment changer et comment atteindre les objectifs que nous avons fixés pour l'organisation. Les *leaders* vivent eux-mêmes quelque chose, puis ils l'enseignent aux autres. Ils ne doivent pas se contenter de l'enseigner une fois en espérant que les gens comprennent du premier coup. Ils doivent l'enseigner fois après fois après fois, à mesure qu'ils progressent dans la poursuite des objectifs. Cette tâche de formation d'autrui n'est jamais terminée.

MES CITATIONS PRÉFÉRÉES TOUCHANT LE DÉFI D'ÊTRE UN MODÈLE

« Montrer l'exemple n'est pas le principal moyen d'influencer les autres, c'est le seul moyen. »
— Albert Einstein

Existe-t-il une meilleure illustration de cela que le fait d'être parent ? Comme père de quatre enfants, montrer continuellement l'exemple constitue le défi le plus terrifiant à relever. Je sais que ce que je fais parle beaucoup plus fort que ce que je dis. Ainsi, je partage ce que je crois et je fais de mon mieux pour inculquer certaines valeurs à mes enfants, mais je dois également faire de mon mieux pour mettre en pratique ce que je dis. Comme tout le monde, j'ai commis mon lot d'erreurs. Lorsque nous commettons de telles erreurs en tant que *leaders*, nous ne devons pas rater l'occasion de le reconnaître et de nous amender afin que ceux qui nous suivent ne concluent pas que nous sommes des hypocrites. Ceux que nous dirigeons ne s'attendent pas à ce que nous soyons parfaits, mais ils veulent que nous fassions preuve d'intégrité en vivant ce que nous avons prêché aux autres et en le reconnaissant tout simplement lorsque nous ne le faisons pas. Les gens voient notre manière de nous conduire et ils modèleront leur démarche sur la nôtre.

« Un bon exemple est le meilleur sermon qui soit. »
— Benjamin Franklin

Qu'est-ce qui est le plus efficace : dire aux gens de nourrir les pauvres ou les nourrir tout simplement ? Dire aux gens de pardonner aux autres ou offrir notre pardon à celui qui nous a causé du tort ? Évidemment, nous devrions promouvoir des valeurs telles que la compassion et le pardon, mais le meilleur moyen de défendre ces valeurs – et toute autre valeur que nous désirons promouvoir – est de montrer l'exemple nous-mêmes. Mère Teresa a affirmé : « En toutes choses, soyez le témoin du Christ, et si nécessaire, utilisez des paroles. » Même si elle parlait de spiritualité, à mon avis, cela s'applique également au domaine professionnel. *En toutes choses, démontrez votre dévouement complet au travail, et si nécessaire, utilisez des paroles.* En d'autres termes, montrez l'exemple en travaillant vous-même très fort.

« Celui qui offre de bons conseils construit avec une main.
Celui qui donne de bons conseils et montre l'exemple
construit avec les deux. »
— Sir Francis Bacon

Oui, les gens apprendront de vous si vous êtes disposé à leur enseigner ce que vous savez. Les mots ont un réel pouvoir et ils peuvent motiver les gens d'une manière extraordinaire. Vous pouvez aussi augmenter votre influence de façon exponentielle en appuyant vos conseils judicieux d'un bon exemple à suivre. Malheureusement, comme c'est le cas pour nombre de *leaders*, Bacon n'a pas cru bon de suivre son propre conseil, et sa carrière se termina dans la disgrâce. Nous devrions donc nous assurer de pouvoir diriger les gens à long terme en ajoutant à nos paroles les actions qui en découlent, ce qui nous permettra d'influencer les autres de manière déterminante au bout du compte.

QUESTIONS POUR LA RÉFLEXION

- Vous considérez-vous comme un bon exemple à suivre ? Expliquez pourquoi.

- De quelles manières estimez-vous pouvoir devenir un meilleur exemple à suivre pour autrui ?

- Avez-vous l'habitude de suivre les conseils que vous offrez aux autres ? Vous efforcez-vous de vivre ce que vous attendez des autres ?

TROISIÈME RÈGLE DU *LEADERSHIP*
Vous obtenez ce que vous méritez

Pour obtenir davantage de ce que vous attendez et présentez à autrui, il vous sera utile de fournir aux personnes une raison qui les motive à faire l'essai de tel ou tel comportement désiré. Pour profiter au maximum des bienfaits motivationnels d'une récompense, suivez les principes suivants :

- Comprendre le pouvoir d'une récompense promise.
- Faire connaître à l'avance les récompenses promises.
- Ajuster les récompenses en fonction des champs d'intérêt éventuels des récipiendaires.
- Lorsque vous avez promis une récompense, il faut l'accorder sans délai.
- Rendre la récompense publique.

SUIVRE LA RÈGLE

Comprenez le pouvoir d'une récompense promise. Peu de temps après notre naissance, nous acquérons déjà l'habitude de réagir aux récompenses reliées à notre comportement. C'est ainsi que les êtres humains opèrent en général. Je ne suis toutefois pas en train de suggérer ici que nous ne devrions pas faire certaines choses pour des raisons altruistes. Ce que je veux souligner est que les récompenses font partie de la vie. Qu'il s'agisse d'une parole gentille, d'argent, de reconnaissance publique ou d'un autre type de récompense, les gens ont tendance à réagir positivement lorsqu'il est question de recevoir une gratification pour leurs actions. Bien sûr, ils apprécient le sentiment de satisfaction qui accompagne un travail bien fait, mais rien n'empêche que ce sentiment puisse être également accompagné d'une récompense accordée par leur *leader*. Les grandes personnes ne sont que des enfants qui ont grandi. Aujourd'hui, une étoile dans un cahier ne fonctionne plus, mais un prix plus créatif risque d'avoir un résultat durable.

Faites connaître les récompenses promises à l'avance. Une récompense annoncée et accordée après coup sera appréciée, mais une récompense annoncée à l'avance portera les gens à travailler pour l'obtenir. Assurez-vous que toutes les gratifications destinées à vos employés leur soient bien connues avant qu'ils fournissent les efforts pour les obtenir. Cela fera en sorte de fortifier leur détermination et d'agir dans leur esprit comme un puissant encouragement, non seulement sur le plan conscient, mais dans la sphère de l'inconscient. Lorsqu'ils se mettront à réfléchir au travail ou à la tâche à accomplir, ils relieront alors cela à la récompense potentielle qui est associée à ce défi. Cela augmentera de manière significative leurs chances de réussite.

Ajustez les récompenses en fonction des champs d'intérêt éventuels des récipiendaires. Il y a quelques années, j'ai travaillé avec une équipe de vente. Un des vendeurs de l'équipe n'avait pas atteint ses chiffres de vente trimestriels depuis des années. La direction lui avait offert des bonis de toutes sortes, mais rien ne semblait motiver le type en question. Je lui demandai alors quels étaient ses champs d'intérêt personnels et il s'avéra que sa femme et lui adoraient voyager. C'est pourquoi j'ai suggéré au patron de la boîte d'offrir une croisière à l'homme s'il réussissait à atteindre ses chiffres de vente au prochain trimestre. Le coût de la croisière était même inférieur aux montants des bonis qu'on lui avait offerts dans le passé. Devinez qui a atteint ses objectifs de vente au trimestre suivant ? Notre homme, bien sûr. L'idée ici est de trouver la récompense qui convient à la personne. Tout le monde aime recevoir de l'argent, mais parfois les gens sont motivés davantage par autre chose. Essayez différentes approches et voyez ce qui vous permet d'obtenir un meilleur rendement des gens sous votre « gouverne ».

Lorsque vous avez promis une récompense, accordez-la sans délai. Si vous avez fait une promesse, vous devez respecter votre parole. Faites donc en sorte que les gens soient récompensés sans délai lorsqu'ils ont fait le travail promis. Ce serait une grave erreur de promettre quelque chose et de ne pas accorder pleinement ce qui a été promis. Assurez-vous que, lorsque vous faites l'annonce de la récompense future, vous avez les ressources nécessaires pour l'accorder sans délai.

Rendez la récompense publique. Une récompense et la reconnaissance exprimée en privé seront appréciées, mais une récompense et la reconnaissance exprimée publiquement demeureront gravées dans la mémoire du gagnant très longtemps. Je suggère toujours de réserver un moment spécial, chaque semaine ou chaque mois, de manière à ce que les gens sachent quand les membres du groupe seront récompensés pour leurs réussites. Pour nombre de vos équipiers, cela risque de s'avérer la seule occasion où ils obtiennent une reconnaissance publique pour leur contribution. Les récompenses et la reconnaissance publique sont comme l'eau répandue sur une terre asséchée. Elle pénètre le sol et lui redonne sa fraîcheur. L'une des plus belles occasions qui s'offrent à nous, en tant que *leaders*, d'encourager les gens sous notre gouverne est de souligner leurs accomplissements et de nous assurer qu'ils jouissent de la joie d'être reconnus et appréciés publiquement.

MES CITATIONS PRÉFÉRÉES TOUCHANT LE POUVOIR DES RÉCOMPENSES

« Il y a deux choses que les gens désirent plus que le sexe et l'argent : la reconnaissance et les louanges d'autrui. »
—Mary Kay Ash

Vous connaissez sans doute la pyramide des besoins de Maslow. Aux échelons supérieurs se trouvent le respect et la confiance d'autrui de même que l'estime de soi. Mary Kay Ash, fondatrice de la marque prestigieuse de cosmétiques Mary Kay, avait bien compris cela. En effet, ce sont là des besoins fondamentaux, et à un niveau plus profond, les gens ressentent une grande satisfaction de savoir qu'ils ont accompli quelque chose, qu'ils ont apporté une contribution et qu'ils sont reconnus par leurs pairs pour cette contribution. Tandis que vous travaillez à établir votre entreprise sur des bases solides, il ne faut jamais oublier que les gens aspirent à beaucoup plus qu'à une rétribution financière.

« Efforcez-vous de devenir un contributeur si valable sur le plan professionnel qu'éventuellement vous deveniez indispensable. Profitez de votre privilège de faire le kilomètre supplémentaire et jouissez alors des récompenses qui y seront associées. Vous les méritez. »
— Og Mandino

J'adore cette citation parce qu'elle met en relief deux principes du *leadership* : travailler fort et jouir des récompenses. Mandino affirme que les gens performants méritent leur récompense. C'est tellement vrai ! Les *leaders* doivent comprendre que ceux qui les suivent méritent les récompenses et la reconnaissance publique. Je parle ici de beaucoup plus que l'argent, nommément de la reconnaissance des pairs et du respect du *leader*. Le fait de vous assurer qu'ils « reçoivent » contribuera à établir au sein de l'équipe un climat de satisfaction et de loyauté par rapport à vous, leur dirigeant.

« Pour qu'[elles] aient l'occasion de jouir des avantages
d'avoir défait l'ennemi, [vos troupes] doivent jouir
de leur récompense. »
— Sun Tzu

Sun Tzu, l'auteur d'origine chinoise de l'ouvrage *L'art de la guerre*, nous rappelle que si nous voulons jouir de ce que les gens ont de meilleur à offrir, nous devons alors nous assurer qu'ils reçoivent la récompense qu'ils méritent. Faut-il que cela soit une semaine de vacances dans un centre balnéaire « quatre étoiles » ? Pas nécessairement, mais cette récompense doit correspondre à l'effort qui a été fourni, au travail qui a été accompli. Si nous demandons à quelqu'un d'accomplir une tâche modeste, il est normal que la récompense associée soit modeste également. Si nous lui demandons quelque chose d'exceptionnel, nous devrions alors nous assurer qu'il reçoive une récompense hors de l'ordinaire. Cela communiquera sans équivoque à la personne en question que nous apprécions son travail et sa contribution.

« Si vous croyez en vous-même, si vous faites preuve de détermination et de fierté, si vous n'abandonnez jamais, vous deviendrez un gagnant. Le prix à payer pour votre victoire sera élevé, mais il en sera également ainsi des récompenses. »
— Paul Bryant

Le prix de la victoire est élevé. C'est tellement vrai. Et plus grande est la victoire, plus grand est le prix. Plus les objectifs que nous nous fixons seront élevés, plus grands seront les efforts que nous devrons fournir pour les atteindre. Lorsque nous demandons aux gens que nous dirigeons de fournir des efforts hors du commun, de payer un prix élevé en vue de remporter une grande victoire, nous devons alors nous assurer qu'ils reçoivent une récompense à la hauteur de leur contribution. Ma conviction est que nous devons motiver nos troupes à cultiver de grands rêves et à s'attaquer à des défis que d'autres considèrent comme impossibles. Il faut laisser les autres se contenter d'être des gens dans la moyenne. En même temps, nous devons nous assurer d'offrir des récompenses qui correspondent au prix élevé que nos équipiers ont été d'accord de payer pour cette grande victoire.

QUESTIONS POUR LA RÉFLEXION

- Avez-vous l'habitude de vivre selon la règle qui veut que l'on *obtienne ce que l'on mérite* ? Expliquez pourquoi cela est important pour vous.

- Avez-vous pris le temps de vérifier ce qui est une réelle source de motivation pour les gens que vous dirigez afin de pouvoir leur offrir des récompenses qui vont au-delà de simples rétributions financières ?

- Offrez-vous aux gens l'occasion de jouir d'une reconnaissance publique pour leurs efforts ? Sinon, quand comptez-vous le faire et comment ?

QUATRIÈME RÈGLE DU *LEADERSHIP*
Vous obtenez ce pour quoi vous avez travaillé

Cela exige quand même du travail. Vous devez travailler à établir quelles sont vos attentes puis montrer l'exemple. Vous devez travailler pour découvrir quelles sont les récompenses appropriées et les offrir, sans parler des efforts diligents à fournir pour atteindre les objectifs et les cibles à court terme que vous visez. Pour que votre *leadership* fonctionne, il vous faudra :

- Établir des normes élevées.
- Travailler plus fort et plus longtemps.
- Travailler d'arrache-pied et de manière plus sensée.
- Fournir davantage que ce que l'on demande.

SUIVRE LA RÈGLE

Établissez des normes élevées. La plupart des gens vivent une vie qui est plutôt ordinaire. Ils préfèrent le *statu quo* et se contentent le plus souvent de ce qui est médiocre. Un rapide examen de la courbe en cloche[3] nous indique où se situent la plupart des gens dans leur vie. Cela s'applique aussi aux gens qui occupent des postes de *leadership*. Il y a une énorme différence entre porter le titre de *leader* et en être véritablement un. J'ai personnellement eu la bonne fortune de travailler avec quelques grands *leaders*. Plusieurs d'entre eux sont perçus comme s'ils avaient eu beaucoup de chance ou comme si tout cela leur était arrivé par inadvertance. Cependant, j'ai compris à leur contact qu'il n'en était rien. En réalité, ceux qui atteignent une telle grandeur comptent parmi les travailleurs les plus acharnés qui soient. Ils établissent pour eux-mêmes, comme pour ceux qu'ils dirigent, des normes très élevées. Ce n'est pas là quelque chose qu'ils ont l'intention de faire plus tard. C'est quelque chose qu'ils font tous les jours. Leurs normes demeurent élevées, au boulot ou à la maison.

Travaillez plus fort et plus longtemps. J'ai découvert qu'un grand nombre de gens sont disposés à travailler fort durant une courte période de temps. Plus rares sont ceux qui sont prêts à trimer dur durant des années et même des décennies pour voir leur rêve se concrétiser. Combien de personnes ont abandonné la poursuite de leur rêve tout juste avant la percée qui aurait rendu tout possible ? Elles se comptent par millions. L'un de mes amis ne cesse d'encourager les gens à ne pas baisser les bras avant le jour de paie. Trop de gens travaillent très fort durant un moment, puis ils se laissent gagner par le découragement et ils abandonnent la partie. Le plus triste, c'est que s'ils avaient choisi de travailler plus fort durant un moment encore, ils auraient alors connu le succès. Au lieu de cela, ils ont choisi d'abandonner et n'auront d'autre choix que de repartir éventuellement à zéro. Trop de gens vivent et revivent ce cycle au cours de leur carrière et n'obtiennent jamais la récompense du vainqueur. C'est pourquoi vous devez tenir bon. Ne lâchez pas prise.

Travaillez d'arrache-pied et de manière plus sensée. J'ai entendu certaines personnes affirmer : « Il faut travailler plus intelligemment et non plus fort. » Pour ma part, je ne crois pas que les deux soient incompatibles. En fait, vous devriez faire les deux à la fois. Bien sûr, travailler intelligemment est mieux que de simplement travailler fort. Cependant, travailler intelligemment et trimer dur s'avèrent bien mieux que de simplement travailler intelligemment. J'ai eu le privilège de côtoyer certains *leaders* qui ont connu une réussite hors du commun. J'ai pu ainsi constater qu'ils comptent parmi les travailleurs les plus acharnés que je connaisse. Certains collaborateurs avec lesquels je travaille et qui ont beaucoup de succès dirigent des entreprises dont la réussite est fulgurante. Le dénominateur commun de toutes ces personnes est qu'elles se rendent au boulot très tôt le matin et partent tard du bureau. Elles ne se contentent pas de faire simplement acte de présence. Elles travaillent d'arrache-pied ! Il est plutôt rare que quelqu'un connaisse une telle réussite du jour au lendemain. La vérité est plutôt que les gens ne réussissent que parce qu'ils triment dur et se soumettent à des règles de discipline personnelle. Ils travaillent intelligemment *et* très fort !

Fournissez davantage que ce que l'on vous demande. Il y a un vieux dicton qui recommande de ne jamais trop promettre aux gens et de ne jamais trop en donner non plus. Je crois que cette mentalité doit être changée. Premièrement, en tant que *leaders* qui se respectent, nous ne devrions jamais promettre le moins possible. Cela n'est qu'une manière de nous défiler. Nous devrions plutôt promettre hardiment ce que nous comptons faire. Lorsque vous vous contentez de promettre le strict minimum, vous passez pour quelqu'un qui a peur de dresser des plans d'action d'envergure. Si vos promesses sont trop élevées, vous serez alors perçu comme quelqu'un qui ne fait pas ce qu'il dit. C'est pourquoi vous devez promettre ce que vous comptez faire, puis fournir des résultats plus grands que ce qui a été promis. Une fois que la promesse a été faite à ceux qui vous suivent, vous devez alors travailler fort pour vous assurer que les résultats dépasseront largement ce qui était attendu. En agissant de la sorte, vous obtenez la réputation de quelqu'un qui fournit toujours davantage que ce qui avait été demandé.

MES CITATIONS PRÉFÉRÉES TOUCHANT LE FAIT DE TRAVAILLER FORT

« Les récompenses iront à ceux qui sont prêts à prendre des risques, à ceux qui accepteront de mettre leur ego en jeu pour rejoindre les autres et s'offrir une vie plus pleine et plus riche. »
— Susan Roane

J'aime bien cette citation qui parle du risque, parce que le risque est quelque chose d'exigeant. Il n'est généralement pas du tout facile de prendre une décision quand un risque entre en jeu, qu'il faille assumer ce risque et remporter le pari au bout du compte. Cela ne s'avérera peut-être pas nécessairement exigeant sur le plan physique, mais la chose risque d'être difficile à vivre sur le plan émotionnel et psychologique pour un *leader*. S'élancer et encourager un groupe d'individus à prendre un risque est difficile à faire, mais c'est incontournable pour tout *leader* qui souhaite accomplir quelque chose d'important et diriger les autres vers la grandeur.

« Nous allons recevoir non pas ce que nous espérons idéalement, mais ce que nous méritons en toute justice. Nos récompenses seront toujours en proportion exacte de notre service. »
— Earl Nightingale

Nightingale nous rappelle que nous obtenons ce que nous méritons grâce à nos efforts. Nous ne recevons pas ce que nous estimons nous revenir de droit. La seule façon d'obtenir des récompenses est au moyen du bon vieux travail. La chose demeure vraie pour tout *leader*. Vous obtiendrez ce que vous aurez gagné avec le temps grâce à votre travail acharné. Vous jouirez du respect que vous obtenez. Vous jouirez de la loyauté que vous avez acquise. Vous obtiendrez les récompenses que vous avez gagnées. Votre choix de travailler fort ou non déterminera ce que vous remporterez comme récompense, qu'il s'agisse de dollars ou de quoi que ce soit d'autre.

« Je suis persuadé que la vie nous met continuellement au défi pour ce qui est de notre engagement, et les plus grandes récompenses sont réservées à ceux qui font preuve d'un engagement indéfectible de poursuivre leur action jusqu'à ce qu'elle produise les résultats escomptés. Ce niveau de détermination peut déplacer des montagnes, mais ce genre d'engagement doit être constant et persévérant. »
— Tony Robbins

Une chose que j'ai apprise, fois après fois, est que la vie ne cesse de mettre notre détermination à persévérer à l'épreuve. Elle nous présente sans cesse de nouveaux défis à relever. Le *leader* moyen a généralement tendance à s'arrêter à l'étape où les choses deviennent plus confortables pour s'asseoir et se reposer durant le reste du voyage. Tout *leader* digne de ce nom a compris qu'il y aura toujours des obstacles à surmonter, s'il veut continuer à croître et voir son entreprise se développer. Le vrai *leader* s'attaque aux défis en faisant preuve d'encore plus de détermination, en fournissant de plus grands efforts, dans la ferme intention de mener son entreprise au prochain niveau.

« Il ne faut pas juger de la valeur d'une journée par la récolte amassée, mais par la semence qui a été plantée. »
— Robert Louis Stevenson

Les fermiers sont des modèles à imiter en ce qui a trait au travail. Lorsque j'étais plus jeune, j'avais l'habitude de passer une partie de mes vacances d'été au Nebraska chez des parents de mon père. Je me rappelle tout particulièrement mon oncle Darrel, un travailleur infatigable. La chose étonnante au sujet du métier de fermier est que vous devez travailler, travailler, travailler durant des mois sans résultats palpables. Il faut travailler la terre et planter les semences, il faut arroser les plants. Il faut faire tout ce travail sans résultat immédiat apparent et avec l'espérance qu'au temps opportun, la récolte viendra. En tant que *leaders*, nous ne devrions pas juger de la valeur de notre travail par des résultats immédiats. Parfois, nous serons simplement en train de planter et d'arroser les plants. Puis, au moment propice, nous pourrons récolter les précieux fruits de notre labeur. Cela dit, impossible d'éviter le travail ardu. Si nous ne peinons pas en faisant le travail, la récolte n'en vaudra pas vraiment la peine.

« Pour faire un champion, cela exige des luttes,
un objectif en vue et beaucoup d'enthousiasme. »
— Norman Vincent Peale

Qui aime devoir lutter ? Je suis persuadé que personne n'est d'emblée disposé à se battre, mais les vrais *leaders* ont compris qu'aucune victoire n'est remportée sans combat. Plus j'acquiers de l'expérience et plus je suis en mesure d'apprécier la valeur des luttes à mener dans la vie. Nous passons notre jeunesse à éviter les situations exigeantes. Comprenez-moi bien. Je ne suis pas en train de suggérer que nous devrions nous complaire dans les situations difficiles, mais nous ne devrions pas passer autant de temps à les éviter. Souvent, la réussite arrivera une fois que nous aurons mené le combat pour remporter la victoire. Les luttes nous rendent plus forts et expérimentés. Elles exigent plusieurs efforts, c'est certain. Le *leader* qui est déterminé à persévérer dans la lutte, quels que soient les efforts, est celui qui finira par gravir les échelons jusqu'au sommet.

QUESTIONS POUR LA RÉFLEXION

- Soyez honnête : êtes-vous du genre à investir beaucoup d'effort au travail ?
- Êtes-vous disposé à travailler encore plus fort ?
- Quelles semences plantez-vous aujourd'hui en vue de produire une récolte plus tard ?
- Avez-vous ce qu'il faut pour mener le combat jusqu'au bout ?

Remerciements

J'aimerais exprimer mes plus sincères remerciements à mon agent, Matt Yates, de même qu'à toute l'équipe de Jossey-Bass pour leur travail, permettant ainsi que cette histoire devienne réalité. Merci !

Notes

1 Selon certaines légendes, une balle d'argent peut tuer un loup-garou, une sorcière et des monstres.

2 *Fantasy Football* se traduit littéralement par « football imaginaire ». Il s'agit d'un jeu virtuel interactif dans lequel les participants rassemblent une équipe imaginaire de joueurs-vedettes dans la vraie vie faisant partie des équipes de la NFL et qui gagnent des points en fonction des performances des joueurs sur le terrain chaque semaine.

3 L'ouvrage *The Bell Curve* fait référence à la répartition théorique de la population par QI, dont la représentation est une courbe de Gauss, aussi appelée courbe en cloche.

Au sujet de l'auteur

Homme d'affaires prospère, Chris Widener est également auteur et conférencier. Expert en *leadership* et en développement personnel, Chris possède une large expérience en *leadership*, autant au sein d'associations à but non lucratif que dans le milieu des affaires. Invité en tant que conférencier aux quatre coins de la planète, il traite de sujets touchant le *leadership* et le pouvoir d'influencer les autres. Son webzine sur le *leadership* est l'un des plus consultés au monde.

Chris a fondé puis vendu la seule entreprise assurant la distribution de matériel audio de développement personnel chez Costco et Sam's Club. Il a également été coanimateur, avec Zig Ziglar, de l'émission de télé *True Performance.* Il est l'auteur des livres à succès du *New York Times* et du *Wall Street Journal*, soit *L'ange intérieur* et *L'art d'influencer.*

Pour plus d'informations, visitez le www.ChrisWidener.com.

RECYCLÉ
Papier fait à partir de matériaux recyclés
FSC® C103567
www.fsc.org

MARQUIS
Marquis imprimeur inc.

Québec, Canada
2012

Imprimé sur du papier Silva Enviro 100% postconsommation traité sans chlore, accrédité ÉcoLogo et fait à partir de biogaz.

CHOIX ENVIRONNEMENTAL · ENVIRONMENTAL CHOICE
PROCESSED CHLORINE FREE · PROCÉDÉ SANS CHLORE
100%
PERMANENT
BIO GAZ ÉNERGIE